Gunnar Garleff

Ermutigung

AF176655

Gunnar Garleff

Ermutigung

Religiöse Reden zur Gegenwart

Bibliografische Information der Deutschen Nationalbibliothek:

Die Deutsche Nationalbibliothek verzeichnet diese Publikation in der Deutschen Nationalbibliografie; detaillierte bibliografische Daten sind im Internet über dnb.dnb.de abrufbar.

Herstellung und Verlag:

BoD – Books on Demand, Norderstedt

ISBN: 978 – 3 – 7528 – 0944 – 2

Inhaltsverzeichnis

Vergewisserung und Bewältigung (Vorwort)..................................7

Zwang zum Update...13

Up(to)date im Angesicht des Kreuzes................................21

Kein Profilbild..27

Dazugehören?...35

Kraft zum Menschsein..43

Mehr Stille wagen..49

Gnade und Zweifel eines Vaters....................................57

Scharfes Wort..73

Entfremdet und geliebt..83

Prophetische Rede als Hoffnung...................................93

Es könnte so einfach sein...103

Ökonomische Kehrtwende..109

Gut sein ist Sein im Zusammensein...............................117

Resilienzoption..123

Vom Umgang mit dem Scheitern..................................131

Vergebung und Mitmenschlichkeit...............................137

Ich werde für euch da sein...145

Leben gegen den Immerschlimmerismus........................151

Vergewisserung und Bewältigung (Vorwort)

Wie politisch darf die Predigt sein? Diese Frage wird immer wieder gestellt und findet entsprechend Widerhall in der öffentlichen Debatte. Zum Jahreswechsel 2017/2018 löste der Chefredakteur der Zeitung „Die Welt" mit einem Tweet eine entsprechende Debatte aus. Ulf Poschardt hatte am Heiligabend die Predigt des Pfarrers und Poltikers Steffen Reiche gehört, in der sich dieser kritisch u.a. mit der Politik Donald Trumps auseinandersetzte. Freilich war die Kritik Poschardts – dem Twitterzeitalter geschuldet – 140 Zeichen lang und generalisierend: „Wer soll eigentlich noch freiwillig in eine Christmette gehen, wenn er am Ende der Predigt denkt, er hat einen Abend bei den #Jusos bzw. der Grünen Jugend verbracht?"[1]

Ohne auf die Diskussion dieser konkreten Predigt eingehen zu wollen und auch ohne grundsätzlich das Feld Kirche und Politik bearbeiten zu wollen, gibt diese Frage Anlass, die Intention von Predigten zu reflektieren. In einem Interview mit der Zeitung „Die Zeit" erklärte Ulf Poschardt seine Kritik. Ihm gehe es nicht um eine entpolitisierte, rein geistlich-spirituelle Predigt, er kritisiere vielmehr eine festzustellende Sprache, die sich mehr dem politischen Jargon anpasse, als sich am religiösen Bedürfnis der Menschen zu orientieren. „Es geht mir um Sprache und Formulierungen. Das Sprachspiel

---

[1] https://twitter.com/ulfposh/status/945078664445792256 (abgerufen am 6.4.2018).

auf der Kanzel darf nicht das eines Parteitages sein."[2] Zur Diskussion steht also nicht die politische Dimension des Evangeliums, sondern vielmehr die Aufgabe kirchlicher Verkündigung im Medienzeitalter. Warum heute predigen? Warum heute Orientierung aus der Bibel suchen?

Eine Annäherung an mögliche Antworten führt unweigerlich in die Tiefen der religiösen Frage überhaupt. Wenn die Funktion der Religion so etwas wie Kontingenzbewältigung ist und Religionen kulturelle Zeichensysteme sind, die „Lebensgewinn in Entsprechung zu einer letzten Wirklichkeit" verheißen[3], dann sind die religiösen Zeichen und Rituale auf die jeweilige Situation des Menschen in seinen sozialen und gesellschaftlichen Zusammenhängen bezogen. Es geht in der Religion immer zugleich um die Gestaltung und Deutung der Gottesbeziehung wie auch der Weltbeziehung.

Bezogen auf die Funktion der Predigt bedeutet dies, dass sie bei der Welterfahrung bzw. der Lebenswelt ansetzt. Zur Aufgabe der Predigt als religiöser Rede gehört es, die Lebenserfahrung ihrer Hörerinnen und Hörer mit der religiösen Tradition und Überlieferung in Beziehung zu setzen. Sie bleibt dabei nicht auf einer weltimmanenten Ebene stehen, sondern bringt eine transzendentale, eine theologische Dimension ins Spiel. Die Aufgabe der Predigt ist dabei eine zweifache: Sie macht ein Deutungsangebot der menschlichen Situation, welche immer eingebunden ist in eine soziale, politische Situa-

---

[2] https://www.zeit.de/2018/02/ulf-poschardt-christmette-politik-kritik-tweet (abgerufen am 31.5.2018)
[3] Vgl. Gerd Theißen, Die Religion der ersten Christen. Eine Theorie der urchristlichen Religion, Gütersloh ²2001, S. 19: „Religion ist ein kulturelles Zeichensystem, das Lebensgewinn durch Entsprechung zu einer letzten Wirklichkeit verheißt."

tion. Zugleich eröffnet sie ein Sinnangebot, in dem sie, vermittelt über den biblischen Text und die Lehrtradition ihrer Glaubensgemeinschaft, die gegenwärtigen menschlichen Kontingenzerfahrungen mit den überlieferten religiösen (in diesem Sinn auf Gott bezogenen) Kontingenzbewältigungen in Beziehung setzt. In dieser doppelten Bezogenheit auf Gegenwart und Tradition will die Predigt zur Stärkung der Gottes- *und* der Weltbeziehung des Einzelnen wie auch der Gemeinschaft beitragen.

In diesem Sinne setzen die hier zusammengestellten Predigten als religiöse Reden[4] mit aktuellen Fragen der Lebenswelt ein. Die meisten Predigten sind seit 2016 entstanden, so dass das die gesellschaftliche Diskussion beherrschende Thema der Flüchtlingsmigration immer wieder aufgegriffen wird. Aber ebenso werden Fragen des individuellen Anpassungsdrucks in Schule und Gesellschaft, die Frage der Zugehörigkeit und der Bedeutung von Gemeinschaft, jene der Gesundheit und des gegenwärtigen gesellschaftlichen Skandalismus und Alarmismus aufgegriffen. Wenn religiöse Reden diese Themen aufgreifen, dann ist ihr Ziel nicht, eine gründliche soziologische Analyse vorzulegen, sondern die darin enthaltene Lebens- und Sinnfrage zu stellen.

Zugleich sind die religiösen Reden auf biblische Texte bezogen. Die Auswahl der Schriftstellen orientiert sich dabei an der evangelischen Perikopenordnung. Diese sich am Kirchenjahr und nicht an der gesellschaftlichen Frage orientierende Textauswahl hat für die je aktuelle religiöse Rede den Vorteil, dass sie den Text als fremden

---

[4] Vgl. zur Definition der Predigt als religiöser Rede W. Gräb, Predigtlehre. Über religiöse Rede, Göttingen 2013.

Gast ernst nimmt, der in eine geschichtliche Situation quasi von außen hineinfällt. Es bewahrt die Predigtpraxis davor, stets nur die dem Prediger eigenen Lieblingsthemen und -thesen zu variieren. Der biblische Text als fremder Gast öffnet vielmehr die gegenwärtige Weltwahrnehmung für eine vergangene und eine religiöse Wahrnehmung; er weitet den Wahrnehmungshorizont der Predigt.[5]

Wer den biblischen Text als fremden Gast ernst nimmt, der sieht in ihm nicht den vertrauten Freund oder alten Bekannten, dessen stereotype Antworten immer schon erwartbar sind. Biblische Texte kommen aus einer fremden, vergangenen Zeit; ihre Sprache ist nicht die heutige. Sie sind nach meinem Verständnis nicht vom Himmel gefallen, sondern Deutungs- und Sinnangebote zur Kontingenzbewältigung ihrer Zeit. Eine historisch-kritische Exegese ist für mich daher unabdingbar. Sie geschieht aber nicht, um den religiösen Gehalt in Frage zu stellen oder gar zu relativieren, sondern um die Texte für die Erfahrungen von heute zu öffnen. Wer einem Fremden offen begegnet, will mehr über ihn wissen und gibt zugleich etwas von der eigenen Geschichte in den Dialog ein. In diesem Dialog zwischen der Zeit des Textes (bzw. seiner Entstehung) und der Zeit der Interpretation (in diesem Sinne der Predigtvorbereitung) entsteht die gemeinsame Basis für den Erfahrungsaustausch. Tradition wird lebendig, wenn sie nicht nur rituell am Leben gehalten wird, sondern wenn sie eine existentielle, eine emotionale Wirkung entfaltet.

---

[5] Vgl. dazu Gunnar Garleff, Spurensuche. Mit Fragen unserer Zeit der Bibel begegnen, Saarbrücken 2014, S. 3-10.

Es ist das Faszinierende der biblischen Geschichten, dass in ihnen Menschen Erfahrungen verarbeiten, die unseren heutigen ähnlich sind, auch wenn die historischen Rahmenbedingungen der Antike gänzlich unterschieden sind von denen des Technologie- und Medienzeitalters. Aber die biblischen Autoren haben ihre Kontingenzerfahrungen in Geschichten und Liedern in Rückbindung an die Gotteserfahrung verarbeitet.

Predigten als religiöse Reden legen immer auch Zeugnis ab vom Glauben und von der Ethik des Predigers. Gewiss ist die Kanzel kein Ort für Parteitagsreden, aber sie ist auch kein unparteiischer Ort jenseits des gesellschaftlichen Diskurses. Einer der in diesem Band abgedruckten Reden wurde vor einiger Zeit von einem Hobby-Historiker der Vorwurf gemacht, dass sie erstmals seit dem zweiten Weltkrieg von der Handschuhsheimer Kanzel Regierungshandeln rechtfertige und christlich legitimiere. Zu Recht wird auf dem Hintergrund der Erfahrungen des ersten und zweiten Weltkrieges derartiges kritisiert. In Predigten geht es nicht darum, das Handeln der Mächtigen religiös zu legitimieren oder gar zu überhöhen. Aber ebenso wenig ist die Kanzel der Ort einer Totalopposition. In der kritisierten Predigt geht es auch gar nicht um die Entscheidungen der Regierung, sondern vielmehr um die Verrohung der Sprache im politischen Diskurs und die Frage, welche impliziten Handlungsmodelle eigentlich im biblischen Zeugnis zur Lösung komplexer gesellschaftlicher Themen zu entdecken sind. Können diese etwas zum Umgang mit dem Fremden und der Flüchtlingsaufnahme in Europa und besonders vor Ort beitragen?

Politische Entscheidungen haben meist den Horizont eines ganzen Landes oder Kontinents im Blick. Religiöse Reden sind dagegen – mit Ausnahme einiger Bischofspredigten an Feiertagen – Reden an eine örtliche Gemeinde. Ihre Reichweite ist die Nachbarschaft, der Sozialraum ihrer Hörer und Hörerinnen. Von der Kanzel herab ist das Rentenproblem nicht zu lösen, aber der Umgang mit den älter werdenden Menschen in der Gemeinde anzusprechen. Von der Kanzel kann die Flüchtlingspolitik nicht zum Ziel geführt werden, aber es lassen sich Impulse setzen für den Umgang mit Geflüchteten in der Stadt, in der Nachbarschaft. Aufgrund einer Predigt von einer Kanzel wird kein Präsident seine Politik, seine Rhetorik, seine Tweets ändern, aber jene, welche die Predigt hören, können ermutigt und geistlich erbaut werden, gegen diese radikalisierte Sprache des Hasses im Kleinen, im Lokalen eine Sprache der Liebe zu setzen.

In diesem Sinne sind die in diesem Buch versammelten religiösen Reden vielleicht auch so etwas wie eine sonntägliche Gegenrede gegen die mediale Überflutung mit dem Immerschlimmerismus (Matthias Horx) und dem zunehmenden Radikalismus unserer Zeit. Ich verstehe sie als Ermutigungen, die Schönheit und die Freude des Lebens auch in Zeiten wie diesen nicht zu verlieren und sich immer wieder neu zu vergewissern, dass Gott diese Freude vor allem Anfang in uns hineingelegt hat.

Gunnar Garleff

Zwang zum Update[6]

7:30 Uhr am Morgen: Die LED-Leuchte am Handy leuchtet. Das Display zeigt schon am frühen Morgen die ersten Nachrichten an. Ein paar Mails – wer schreibt die eigentlich mitten in der Nacht? Und dann – täglich grüßt der Updateserver – der Hinweis: Folgende Updates liegen vor.

Ich wische es weg – zack. Die Programme, die da genannt werden, kenne ich auch gar nicht, nutze sie gar nicht wissentlich. Und trotzdem sagt mir die Meldung schon am frühen Morgen, quasi nach dem Aufwachen: *Du musst updaten.* Aufwachen und updaten.

Wenn ich dann ins Büro komme, begrüßt mich der PC mit der Meldung: Jetzt updaten auf Windows 10.

Weiter geht es analog: Die Post bringt die neuesten Gesetze und Verordnungen mit einem dicken Postpaket – als sei Weihnachten.

Am Nachmittag finde ich mich wieder in einer Fortbildung mit dem Titel „Der Neue Bildungsplan" und höre die Aufgabe: Update für den Religionsunterricht – jetzt bitte Aneignungsdidaktik statt Vermittlungsdidaktik und bitte alles schön differenziert auf verschiedenen Lernniveaus und Kompetenz fördernd. – *Du musst updaten.* Das ist der Zwang zum Update.

---

[6] Predigt am Sonntag Invokavit, 14.2.2016 in der Friedenskirche in Handschuhsheim zu Hebr. 4.14-16..

Weil das mit dem Zwang zum Update immer schleuniger geht, gibt es auf der anderen Seite die Entschleuniger mit immer neuen Updates zur Burn-Out-Prophylaxe. Man kommt kaum noch nach. Was für ein Irrsinn!

Der Zwang zum Update wurde mir allerdings vollends deutlich, als meine Tochter ihr Zeugnis nach Hause brachte und stöhnte: „Morgen schreiben wir Englisch und übermorgen Latein." Erinnerungen idealisieren ja manchmal, aber ich bilde mir ein, dass es in meiner Schulzeit zwischen Zeugnis und der nächsten Arbeit eine gewisse Phase der Regeneration gab. Heute aber gilt es immer und überall wachsam zu sein, denn ständiges Updaten heißt auch ständig bereit sein für Neues, aktualisieren.

Um up to date zu sein, richten wir die Termine nach Germanys Next Top Model, Rote Rosen und GZSZ aus, gibt es Pushnachrichten für Apps aller Art, läuft das Radio den ganzen Tag, aktualisieren wir ständig unsere Strategien in allen Lebenslagen und lassen wir PC, TV und CD-Player immer auf Standby. Bloß nichts verpassen, bloß nicht rasten, sonst ist sie weg, die Anschlussmöglichkeit im Leben. Was gestern noch galt, kann heute schon überholt sein.

In mir regt sich müder Widerstand. Geht das eigentlich? Wollen wir uns ständig erneuern, verändern, updaten? Und ich stelle mir selbstkritisch die Frage, wie viel Update brauche ich eigentlich? Ist es nicht einfach auch mal schön, zu sein, gegenwärtig, gelassen, im Raum sein. Und fertig. Sehnsucht nach Ruhe und einem updatefreien Raum?

„der den Himmel durchschritten hat"

Letztlich dient ja auch der Gottesdienst in gewisser Weise dem Update. Zwischen Bußgebet und Abendmahl geht es um nicht weniger als um eine Erneuerung, um eine Reaktualisierung der Gottesbeziehung.

Auf dem Hintergrund des Zwangs zum Update und mit einer gewissen Sehnsucht nach verheißener Ruhe lese und höre ich den Predigttext aus dem Hebräerbrief, im 4. Kapitel:

Weil wir denn einen großen Hohenpriester haben, Jesus, den Sohn Gottes, der die Himmel durchschritten hat, so lasst uns festhalten an dem Bekenntnis. Denn wir haben nicht einen Hohenpriester, der nicht könnte mit leiden mit unserer Schwachheit, sondern der versucht worden ist in allem wie wir, doch ohne Sünde. Darum lasst uns hinzutreten mit Zuversicht zu dem Thron der Gnade, damit wir Barmherzigkeit empfangen und Gnade finden zu der Zeit, wenn wir Hilfe nötig haben.

Hebräer 4,14-16

Die Empfänger damals brauchen ein Update des Christusbekenntnisses und sie brauchten auch eine Erinnerung an die Öffnung des Himmels. Welche Bedeutung hat der Glaube, wenn auf Erden sich nichts ändert?

Was bringt es, an Christus zu glauben, wenn du in deinem alltäglichen Leben ständig von Ansprüchen, Leistungsforderungen, Klassenarbeiten und Updatezwängen getrieben bist, wenn es kein „genug" mehr gibt und kaum mehr Pause? Wenn ständig neueste Nachrichten und Eilmeldungen auf dich einprasseln?

Wo ist der verheißene Himmel, der die Erde küsst? Wo ist die verheißene Ruhe für die Seele?

Der Hohepriester, an den unser unbekannter Autor erinnert, hat die Aufgabe, die Menschen mit Gott zu versöhnen. Er hat Zugang zum Allerheiligsten. Er ist in gewisser Weise Anwalt der Menschen, vor allem aber ist er als Priester zuständig, Gott das Opfer darzubringen, damit die Beziehung Gottes zu den Menschen up to date bleibt und vor allem, dass diese Beziehung ins Lot kommt.

Der Hohepriester tut dies, indem er für die Menschen am Versöhnungstag opfert. Er tut seinen Dienst – das Opfer stellt alles wieder her, aber es ist in dieser alttestamentlich tradierten Form in gewisser Weise ein Instrument, ein ritueller Gegenstand, der mechanisch empathiefrei Gott dargebracht wird.

Unser ständiger Zwang zum Update ist ja auch weitgehend empathiefrei. Wir drücken auf eine Taste, wischen übers Display, wir funktionieren und lernen, damit alles im Lot bleibt. Gegen diesen ermüdenden Automatismus und gegen diesen Trott schreibt der Hebräerbrief: „*Wir haben einen großen Hohenpriester, Jesus, den Sohn Gottes, der die Himmel durchschritten hat, so lasst uns festhalten an dem Bekenntnis.*"

Der Hohepriester Jesus Christus hat die Grenze zwischen Himmel und Erde aufgehoben. Er hat den Himmel durchschritten. Der Hohepriester Christus ist kein Heiliger, der fernab der Erde wirkt und keiner, der hinter dem Vorhang zum Allerheiligsten im Tempel opfert, sondern dieser Hohepriester kennt das Leiden, er kennt das Leben. Jesus leidet mit unserer Schwachheit, er leidet selbst an dem unruhigen Getriebensein, in dem wir stecken.

Jesus hat den Himmel geöffnet, durch ihn haben wir einen mitleidenden Gott, einen Gott, der nicht ruhig gestellt werden muss durch Opfer und Rituale, sondern einen Gott, der unser Leben weitet und Raum schenkt.

Denn das finde ich jenseits des Hebräerbriefes in den Jesusgeschichten immer wieder spannend: Die Evangelien erzählen in gewisser Weise auch von einem getriebenen Jesus. Die Menschen erwarten von ihm allerhand: Hier ein Wunder. Dort ein Gleichnis. Hier eine Antwort auf eine prüfende Frage. Dort die Sättigung von 5000 Hungrigen.

Jesus kennt die Situation des Updates und zugleich hat er sie ein für alle Mal überwunden. Am Kreuz hat er durch sein Opfer die Updateautomatik aufgehoben. Aus dieser Beziehung heraus, im Leiden, öffnet er den Himmel für uns Menschen. Jesus öffnet für dich den Himmel, aber wie können wir den Himmel in uns aufnehmen, ihn wirken lassen? Der Himmel bleibt offen.

Ruhe-Raum

Aus dem geöffneten Himmel wendet er sich dir zu. Gott wendet sich dir zu, weil er deine Schwäche, deine Not, deinen Stress sieht. Und er lädt dich ein, vor seinen Thron der Gnade zu treten.

„Darum lasst uns hinzutreten mit Zuversicht zu dem Thron der Gnade, damit wir Barmherzigkeit empfangen und Gnade finden zu der Zeit, wenn wir Hilfe nötig haben."

Mitten im Updatezwang schenkt er dir einen Raum der Ruhe. Ist es nicht genau das, was viele von uns suchen? Einen Raum der Ruhe, wo ich einmal Pause habe vom Lernen, vom Lärmen, von Ansprüchen, von der Wachheit, immer up to date zu sein. Dieser Raum kann ganz verschieden sein. Für viele von euch Konfirmanden ist es vielleicht das eigene Zimmer, wo man mal die Tür zumachen kann. Für manche ist es einfach der Wald, das Feld, der Garten.

Für mich ist es immer wieder die Kirche. Dieser Raum mit seiner hellen Schlichtheit. Mit seinem Klang und seiner Musik, mit seiner Stille. Kirchen sollten häufiger offen sein, denn sie atmen doch irgendwie die Geschichten, die in ihnen erzählt werden. Die Geschichten, in denen der Himmel geöffnet wird und Gott nah kommt.

Ein Raum der Ruhe - für mich ist es auch ein Gottesdienst wie dieser: Du kannst kommen, einfach da sein, Atem holen, dich niederlassen. Wenn du magst, dann kannst du zuhören, was da erzählt wird, kannst eintauchen in Worte und Gedanken oder lässt einfach die Gedanken baumeln. Du darfst dich fallen lassen in die offenen Arme Gottes und vor seinen Gnadenthron treten und glauben: Gott kennt mein Leben mit Freude und Not. Oder um es mit Hape Kerkeling zu sagen: „Der Schöpfer wirft uns in die Luft, um uns am Ende wieder einzufangen. … Und die Botschaft lautet: Hab Vertrauen in den, der dich wirft, denn er liebt dich und wird vollkommen unerwartet auch der Fänger sein."[7]

Darum tritt hinzu mit Zuversicht zu dem Thron der Gnade, lass dir Ruhe und Kraft schenken, Barmherzigkeit und Lebensspeise! Komm wie du bist, ob auf dem neuesten Stand oder schon „upge-

---

[7] Hape Kerkeling, Ich bin dann mal weg, 2009, S. 345

datet"! Für Gott ist das egal. Der Himmel ist geöffnet für dich – ganz gegenwärtig – mit allem, was du bist.

Up(to)date im Angesicht des Kreuzes[8]

Auf der Suche nach Identität

Jeden Morgen steht *sie* vor dem Spiegel, schaut sich an. Kleiderprobe – T-shirt rot oder blau? Jeans oder Rock? Die Haare geflochten oder offen? Das richtige Make Up?

Und *er* geht durch die Hauptstraße: Was ist in und was ist out? Bin ich noch up to date mit meinen Interessen? Habe ich das richtige Smartphone? Die coole Cappie? Die richtigen Moves?

Es ist nicht immer leicht, Ich zu sein, aber vielleicht kommt es darauf auch gar nicht an. Hauptsache man gehört dazu, hat die richtigen Insignien der Gruppe, den richtigen Slang, die richtige Religion, die richtigen Freunde, die richtige Hautfarbe. Dabei sein, dazu gehören – das ist nicht unwichtig. Der Mensch ist ein soziales Wesen.

Doch damit nicht genug. Wichtig ist: die Gruppe muss stimmen, angesagt sein. Es muss nach außen strahlen: der richtige Verein, der richtige Stadtteil, die richtige Gang. Wer dazu gehört, der hat die Chance auf Macht und Einfluss. Irgendwie. Wer will schon gerne in der Schule abseits stehen oder mit den Außenseitern zusammen sein.

---

[8] Predigt am 1. Sonntag nach Epiphanias (7.1.2018) in der Friedenskirche Handschuhsheim über 1Kor 1,26-31.

Und so sind wir beständig damit beschäftigt, uns selbst zu optimieren, gut da zu stehen, jede Peinlichkeit zu vermeiden und diskret unsere Scham zu unterdrücken. Unsere Kinder erziehen wir zum Erfolg in der Gesellschaft, damit sie es zu etwas bringen. Für das Glück müssen wir funktionieren. Möglichst wenig Pausen, viel Schaffen, gut in der Schule sein. Hier ein Pöstchen, da ein Ämtchen. Dann können wir erzählen, was wir alle tun und unsere Kinder erst, grandios.

Und von den anderen, die nicht so sind wir? Naja, die werden inkludiert, gleichgemacht. Alles Fremde soll sich anpassen, identisch werden. Das bisschen deutsche Kultur (?!), das ist doch wohl nicht zu viel verlangt.

Wir wollen dazu gehören und irgendwie doch auch alle gleich sein. Keine Herrschaft mehr in der Sprache, sondern alles schön gender: Genossen und Genossinnen! Schwestern und Brüder! Frauen und Männer! Menschen und Menschinnen! Obwohl halt! Nein! So viel Gleichheit geht zu weit: Wer einen Migrationshintergrund hat, der bleibt ein Mensch mit Migrationshintergrund!

Wo alle gleich sein wollen und sollen und nicht mehr ausgestoßen sein sollen, da verunstalten wir unsere Sprache, um die Unterschiede zu bewahren, liebe Christen und Christinnen, Konfirmanden und Konfirmandinnen, Senioren und Seniorinnen, Inländer und Ausländer, Deutsche und Bayern, Hunde und Katzen.

Wer sind wir und wer wollen wir sein? Auf keinen Fall alle gleich! Aber dann bleibt doch wieder alles beim Alten, dann gibt es weiter die Starken und die Schwachen, die Reichen und die Armen, die Mächtigen und die Getriebenen. Ein Gerangel in der Gesellschaft und in der Kirche um den größten Einfluss und das angemessene Sein.

Schaut auf eure Berufung

Der Apostel Paulus diagnostiziert dieses Identitätsdilemma schon vor fast 2000 Jahren, wenn er an die Korinther schreibt:

Seht doch, liebe Brüder, auf eure Berufung. Nicht viele Weise nach dem Fleisch, nicht viele Mächtige, nicht viele Angesehene sind berufen. Sondern was töricht ist vor der Welt, das hat Gott erwählt, damit er die Weisen zuschanden mache; und was schwach ist vor der Welt, das hat Gott erwählt, damit er zuschanden mache, was stark ist; und das Geringe vor der Welt und das Verachtete hat Gott erwählt, das, was nichts ist, damit er zunichte mache, was etwas ist, damit sich kein Mensch vor Gott rühme.

Durch ihn aber seid ihr in Christus Jesus, der uns von Gott gemacht ist zur Weisheit und zur Gerechtigkeit und zur Heiligung und zur Erlösung, damit, wie geschrieben steht (Jeremia 9,22-23): »Wer sich rühmt, der rühme sich des Herrn!«

1 Kor 1,26-31

Die Gemeinde in Korinth hat auch ein Identitätsproblem, als Gruppe und als Einzelne. Das ist nicht sehr verschieden im Gegenüber zu unserer heutigen individuellen wie gesellschaftlichen Identitätssuche.

„Seht auf eure Berufung!" – Hört auf den Ruf Gottes, der euch zuteil wurde, schreibt Paulus den Korinthern, die in der lebendigen Metropole Korinth im Konflikt mit ihren hergebrachten Gewohnheiten innerhalb der Gesellschaft liegen und die diese gesellschaftlichen

Prinzipien in die Gemeinde hineintragen. Die Korinther geraten in Streit und Spaltung, weil jeder der Stärkste sein will. Jeder will die Weisheit besitzen und den richtigen Weg kennen.

So ist es leider auch in unserer Kirche heute! Wie viele unterschiedliche Meinungen gibt es allein darüber, was christlich ist. Und jede dieser Meinungen wird mit dem Anspruch der Letztgültigkeit und der Wahrheit vertreten und gleichsam zu einer Richterin der konträren Position. In unserer Kirche, aber auch in der Politik und auf anderen Feldern des gesellschaftlichen Lebens herrscht nicht selten ein Machtkampf um Stärke. Getrieben nicht selten von Hochmut und Erhabenheit gegenüber dem Anderen. Und das ist oft auch ein Kampf um das höhere Ansehen vor der Gemeinde (oder dem Volk und dem Wähler) – die Korinther jedenfalls tappen in diese Falle.

In Korinth droht dieser Kampf um Ansehen und Ruhm die Gemeinde zu spalten. Sie drohen ihre gemeinsame Basis, ihre Berufung und ihre *eine* Taufe zu vergessen. Paulus aber motiviert seine Adressaten, in den Spiegel zu schauen und sich anzulächeln. Denn nicht das Perfekte und das Mächtige, nicht die Vollkommenen und nicht das „Update" hat Gott erwählt.

„Seht auf eure Berufung!": Nicht viele Weise nach dem Fleisch, nicht viele Starke nach den Maßstäben der Welt, nicht viele Mächtige, immer Selbstsichere in der Welt, nicht viele Angesehene, immerwährende Gewinner in der Welt sind berufen. *„Sondern, was töricht ist vor der Welt, das hat Gott erwählt."* Gott erwählt die Schwachen, die Niedrigen und Erniedrigten, ja die Selbsterniedrigten und Suchenden in der Welt.

Paulus schöpft diesen Trost aus seiner eigenen Berufung, aus seinem Damaskuserlebnis, aus der Begegnung mit dem Gekreuzigten und Auferstandenen. Er erinnert die Korinther daran, dass sie sich zu einem Gekreuzigten bekennen, einem Verbrecher und Verlierer der Geschichte. Die Korinther bekennen sich zum Kreuz – zu einer Torheit vor der Welt.

Das Kreuz und die Taufe

Am Kreuz ist Gottes Sohn selbst der Ohnmächtige, der Verspottete, der Tor zum Zeichen für die Welt, dass die Weisheit der Welt nicht alles ist, sondern vor Gott eine Torheit. Am Kreuz hängt der zweifelnde, der klagende, flehende und sehnsüchtige Christus. Da hängt kein selbstoptimierter, smarter Manager und Gott, sondern ein Mensch, wie er ist, nackt und ausgeliefert.

Der Blick auf das Kreuz kann gerade den Schwachen und den Suchenden in der Welt zur Stärke werden, denn die Botschaft des Kreuzes ist, dass der Verlorene bei Gott gefunden ist, dass der Schwache und Erniedrigte bei Gott erhöht und stark ist. Am Kreuz erwählt Gott jenen Menschen, der als Schuldiger gilt, der als Verbrecher ans Holz genagelt wird. Gott erwählt nicht einen heiligen, keinen reichen und weisen Menschen, sondern einen einfachen und schwachen, das Kind in der Krippe, den Zimmermann aus Nazareth, jenen, der den Konflikt in Liebe aufbrechen lässt und der die Erniedrigung bis in die tiefste aller Krisen hinnehmen muss – den Tod am Kreuz.

So kurz nach Weihnachten und Epiphanias, am Anfang eines Jahres schon auf das Kreuz zu blicken als Zeichen unserer Berufung, mag verwundern. Doch gerade dieser Blick und die Erinnerung an das

Ende der Geschichte Jesu können zum tröstenden, hoffnungsvollen Anfang für uns heute werden. Die weihnachtliche Botschaft vom Frieden in aller Welt bleibt leer und folgenlos, wenn sie nur verkündet wird, ohne dass wir auch die Voraussetzung für diesen Frieden bedenken. Die romantische Geschichte des weihnachtlichen Friedens in der Nacht von Bethlehem und der Aufbruch der Weisen und Hirten bleibt ohne die törichte und anstoßend grausame Geschichte vom Kreuz Romantik und Idyll und schürt doch nur Erwartungen an die Welt, die diese nicht erfüllen kann, wenn nicht jeder einzelne auf seine Kreuzeserfahrungen blickt.

Das Kind in der Krippe, das unter dem Kreuz liegt, ist ein Zeichen. Gott sagt Ja zu dir Mensch, in der Einfachheit und selbst in deiner Suche, in der Taufe und immer wieder beim Mahl. An seinem Tisch kannst du es spüren und schmecken. Du bist befreit von all dem Zwang, ständig und überall zu zeigen, wer du bist, funktionieren zu müssen und dich zu optimieren, du brauchst dich nicht zu rühmen, denn Gott rühmt dich. *„Durch ihn seid auch ihr, liebe Gemeinde, in Christus Jesus, der uns von Gott gemacht ist zur Weisheit und zur Gerechtigkeit und zur Heiligung und zur Erlösung. "*

In Christus Jesus – durch die Taufe und das Kreuz Christi – sind wir hineingenommen in die Weisheit und Gerechtigkeit, in die Heiligung und Erlösung. Das möge Motivation sein in schwierigen Situationen, die Weisheit der Welt mit der Torheit der Schwachheit und des Kreuzes zu erschüttern. Dann wird die eigene Schwachheit zur Stärke und Seligkeit.

Kein Profilbild[9]

Maike hat ihr Profilbild aktualisiert. Jessica gestern auch! Martin täglich! Heike immer wieder! Von Janina ist gleich ein ganzes Erinnerungsalbum zusammengestellt worden! Hanna klickt „Gefällt mir!" Tom schreibt einen freundlichen Kommentar: „Tolles Foto!" „Süß!" „Tolle Frisur!" „Du Schöne!"

Ach, ist es nicht schön: Wahrgenommen werden! Das heißt heute vor allem gesehen werden! Wohl deshalb diese ständige Aktualisierung von Profilfotos auf Facebook.

Wir sind, was wir von uns abbilden! Bilder schaffen Wirklichkeit! Bilder erzeugen Bilder! Schatzi, ich schenk dir mein Foto und schon weißt du, wie ich wahrgenommen werden will. Bilder erzeugen Wirklichkeit. Aufs richtige Bild kommt es an. „Ich glaube nur, was ich sehe!" Und da ist das Problem: Gott hat keinen Facebook-Account.

Offensichtlich will Gott sein Gesicht nicht in einem Bild zeigen. Will er gar nicht wahrgenommen werden? Oder will er sicher sein vor Fake-News? Ganz offensichtlich setzt Gott jedenfalls nicht auf die Macht der Bilder! Ja, er verbietet es ja in den 10 Geboten, sich ein Bild von ihm zu machen und es gar noch anzubeten. Und da ist das Dilemma! Von Gott machen wir uns immer ein Bild! Die Bibel ist voll von Gottesbildern und doch verbirgt Gott sich ständig.

---

[9] Predigt am 2. Sonntag nach Epiphanias, 15.1.2017 in der Friedenskirche Handschuhsheim zu Ex. 33,17b-23.

Wie können wir überhaupt sicher von Gott reden? Ist er wirklich unter uns, wie im Taufbefehl verheißen? Und wieso ist Gott nicht deutlicher offenbar? So eine totale Gottesschau, das wär doch mal was? Müsste doch auch ohne Facebook möglich sein.

Israel in der Wüste (Ex 32-33)

Alte Fragen sind das! Schon immer hat Gott die Geduld der Menschen strapaziert mit seinem geheimnisvollen Sein. Den Israeliten in der Wüste wurde das irgendwann zu bunt. Ein Gott ohne Bild! Ein Gott ohne bildliche Gegenwart bei seinem Volk, ohne Ikone, den kann es nicht geben! Viel zu abstrakt!

Drum schufen sie sich kurzerhand ein Gottesbild, als Mose gerade mit Gott auf dem Berg Sinai sprach und auf die Tafeln mit den Geboten wartete. Ein Goldenes Kalb. Sie beteten es an. Sie tanzten um es herum. Sie jubelten ihm zu.

Nur zwei waren gar nicht erfreut: Gott zürnte. Mose ließ vor Schreck und Wut die Gebotstafeln fallen. Gott entzieht dem Volk die Zusage, vor ihm her zu schreiten. Allenfalls einen Engel will er vor dem Volk her senden, der ihm den Weg frei macht gegen die Feinde. Gott aber will nicht mehr weiter mit Israel ziehen. Es ist eine wahre Bundeskrise. Der Prophet Hosea würde es wohl gar als Ehekrise beschreiben.

Mose aber ringt um Gottes Gegenwart und Nähe für Israel. Was sich da zwischen Mose und Gott abspielt, ist ein intimer und ein ringender Dialog von Angesicht zu Angesicht im Zelt Begegnung „fern vom Lager des Volkes". In diesem zähen Verhandeln kommen sich Gott und Mensch näher. Ja, aus dieser intimen Beziehung zwischen Mose und Gott findet am Ende Gott zu sich selbst. Tiefer und tiefer nähert sich Gott seinem Wesen, seiner Liebe, ja am Ende seinem Namen an. Gott lässt Gnade vor Recht ergehen und spricht: *„Mein Angesicht soll vorangehen, ich will dich zur Ruhe leiten."* Und er spricht zu Mose: *„Du hast Gnade vor meinen Augen gefunden, und ich kenne dich mit Namen."*

Mose und Gott sind sich in der Bewältigung der Bundeskrise zwischen Gott und seinem Volk näher gekommen. Da ist nicht ein herrschender Gott, mit totalitären Gesetzen, kein unbeweglicher Beweger. Gott ist nicht nur Recht und Gesetz. In diesem Dialog offenbart sich das Evangelium der Gnade.

Und so hat Mose in diesem Gnadenmoment nur noch eine Bitte: *„Lass mich doch deine Herrlichkeit sehen!"* Kann Gott da widerstehen? Hören wir was Gott dem Mose antwortet:

Sehnsucht nach Durchblick

Und Gott sprach: Ich will vor deinem Angesicht all meine Güte vorübergehen lassen und will ausrufen den Namen des Herrn vor dir: Wem ich gnädig bin, dem bin ich gnädig, und wessen ich mich erbarme, dessen erbarme ich mich.

Und er sprach weiter: Mein Angesicht kannst du nicht sehen; denn kein Mensch wird leben, der mich sieht.

Und der Herr sprach weiter: Siehe, es ist ein Raum bei mir, da sollst du auf dem Fels stehen.

Wenn dann meine Herrlichkeit vorübergeht, will ich dich in die Felskluft stellen und meine Hand über dir halten, bis ich vorübergegangen bin.

Dann will ich meine Hand von dir tun, und du darfst hinter mir her sehen;
aber mein Angesicht kann man nicht sehen.

2. Mose 33,17-23

Diese Worte aus dem 2. Buch Mose (Exodus) sind Ausdruck dich-
tester Gottesbeziehung. Gott, der sich von Mose hat zur Umkehr
bewegen lassen, ja den Mose durch sein Nicht-Lockerlassen zum
gnädigen Gott gemacht hat, Gott weist die Bitte des Mose nicht
einfach ab. Er sagt nicht: „Geht nicht!"

Nein, er lässt sich auf Moses Anliegen ein. „*Ich will vor deinem Ange-*
sicht all meine Güte vorübergehen lassen und will ausrufen den Namen des
Herrn vor dir!" Wem Gott seinen Namen offenbart, dem ist er nah.
Schon einmal hatte er Mose seinen Namen gesagt. Am brennenden
Dornbusch: „Ich werde sein, der ich sein werde!" Geheimnisvoll
unbestimmt war dies. Der Name ließ Gott alle Freiheit, alle Möglichkeit.

Jetzt nach der Befreiung aus Ägypten, nach der langen Reise durch
die Wüste und den 40 Tagen auf dem Berg Sinai und schließlich
nach Mose Fürbitte für das halsstarrige Volk, offenbart Gott seinen
neuen Namen und damit auch sein Wesen: „*Wem ich gnädig bin, dem*
bin ich gnädig, und wessen ich mich erbarme, dessen erbarme ich mich." Gott
ist Gnade. Gott ist Erbarmen.

Aber die letzte Erfüllung der Mose-Bitte bleibt aus. „*Mein Angesicht,*
meine Herrlichkeit kannst du nicht sehen, denn kein Mensch wird leben, der
mich sieht!" Bei aller Nähe, die zwischen Gott und Mose herrscht,
Gott bewahrt eine letzte lebensnotwendige, ja liebensnotwendige
Distanz.

Sehnsucht nach Gottesschau

Mose will sehen. Das Volk will Sicherheit. Und auch heute wäre es gelegentlich von Vorteil, wir würden Gott durchschauen und damit auch die Welt durchschauen.

Die aber, die meinen, sie durchschauten Gott und die alles in seinem Namen tun, die pervertieren nicht selten seinen Namen. Ja, sie machen sich Gott verfügbar für ihre Verbrechen, für ihre Ausgrenzungen – überall in der Welt.

Die Welt ist komplexer. Gott offenbart zwar seinen Namen und sein Wesen, aber seine Herrlichkeit offenbart er nicht. Gnade und Erbarmen, ja. Verlässlichkeit ja. Dem Volk vorangehen, ja, aber eine vollständige Offenbarung seiner Herrlichkeit, nein. Denn: Gott ist kein Freund des Totalitarismus.

„Siehe, es ist ein Raum bei mir, da sollst du auf dem Fels stehen. Wenn dann meine Herrlichkeit vorübergeht, will ich dich in die Felskluft stellen und meine Hand über dir halten, bis ich vorübergegangen bin."

Gott schenkt Mose Raum. Das ist seine Verlässlichkeit, darin gewährt er seine Nähe und Geborgenheit, aber keine falsche Sicherheit. Mose darf wie das Volk Gott von hinten sehen, seinen Rücken betrachten, er darf seine Spuren im Leben und in der Geschichte wahrnehmen. Aber er wird im Leben nicht erfahren, was Gottes Vorsehung ist. Das bleibt Gottes Geheimnis.

Es bleibt Geheimnis

Gott bleibt in seiner Gegenwart unverfügbar. Gott bewahrt sich seine Freiheit. Gott schützt sich vor allen, die ihn totalitaristisch missbrauchen wollen, er schützt seinen Namen vor Missbrauch.

Wie oft wurden unter Verweis auf Gottes Namen und Willen, Menschen gedemütigt, Völker vernichtet, Minderheiten diskriminiert. Wie oft haben Gottesbilder die Schöpfung pervertiert und Gottes Gnade, Gottes Erbarmen und Gottes Liebe zur Unkenntlichkeit verstellt. Jene, die sich in ihrem barbarischen Handeln auf Gottes Herrlichkeit und Namen berufen haben, wurden blind für die Menschlichkeit, für die Toleranz und für die Freiheit.

Gott kommt am Sinai Mose nah, sehr nah, er gibt viel von sich preis. Ja, Gott braucht Mose sogar, um zur Gnade zu finden. Mose gelingt es, die Beziehung zu seinem Volk herzustellen, aber das Volk soll sich nicht in falscher Sicherheit wiegen. Im Geheimnis seiner Herrlichkeit bewahrt Gott sich seine Unverfügbarkeit. Gott bewahrt sich seine Freiheit.

Und mehr noch: Dass Gott sich dem Menschen nicht verfügbar macht, nicht einmal Mose, Elia und den Propheten, garantiert auch dem Menschen Freiheit. Freiheit aber ist das große Thema des Exodus. Es ist jene Freiheit, die den Menschen, jeden einzelnen von uns, zur Verantwortlichkeit befähigt. Die Lösungen sind nicht festgeschrieben. Wir leben nicht in den Mauern eines Paradieses, sondern sind frei zur Verantwortung in der Welt und gegenüber unseren Mitgeschöpfen.

Gottes Geheimnis bleibt. Er verzichtet darauf, beständig sein Profilbild zu erneuern, sich über Bilder festlegen zu lassen und zu definieren. Er ist in gewisser Weise auch frei von der Resonanzsucht positiver Kommentare. Er kann von sich schlicht sagen: Ich bin, der ich bin. Ich werde sein, der ich sein werde. Wem ich gnädig bin, dem bin ich gnädig. Wessen ich mich erbarme, dessen erbarme ich mich. Ich bin meinem Volk, ich bin dem Menschen verlässlich nah und schenke ihm Raum zum Leben in Freiheit.

Dazugehören?[10]

Am Anfang, habe ich euch, liebe Konfis, letzte Woche sinngemäß mit den Worten begrüßt: „Das ist der Beginn eurer Konfirmandenzeit, ihr seid jetzt ein wesentlicher Teil der Friedensgemeinde."

Am Anfang haben das viele so hingenommen, aber einer fragte nach: „Wieso bin ich ein Teil der Friedensgemeinde?" „Gehöre ich schon dazu?" „Ich dachte, wir schauen jetzt erst einmal und mit der Konfirmation fällt die Entscheidung!"

Am Anfang gleich mal eine der wesentlichen Fragen gestellt: Gehöre ich dazu? Gehörst du dazu?

Irgendwie ist das gerade eine der größten Fragen unserer Zeit. Die Frage der Zugehörigkeit. Wann gehöre ich dazu? Zu einer Clique? – Wenn ich Teil einer WhatsApp-Gruppe bin? Wann gehöre ich zum Team – nur auf dem Platz oder auch auf der Bank? Wann gehöre ich dazu zu dieser Gesellschaft? Wenn ich die richtige Hautfarbe, den richtigen Pass habe, wenn ich hier geboren bin? Wenn ich die Werte der Konservativen teile? Wann gehöre ich dazu – nur wenn ich den Normen entspreche, ein gewisses Alter erreicht habe?

---

[10] Predigt am 5. Sonntag nach Trinitatis, 16.7.2017, in der Friedenskirche Handschuhsheim zu Joh. 1,32-42. In diesem Gottesdienst wurden die neuen Konfirmandinnen und Konfirmanden in der Gemeinde begrüßt. An den Tagen zuvor fand eine Konfirmandenfreizeit mit Abseilen in eine Schlucht, Flussbettwanderung und Softrafting statt.

Wann gehöre ich dazu? Entscheide ich das eigentlich selbst oder ist das schon längst entschieden? Entscheiden es andere für mich? Aber wo bleibt dann die Freiheit? Wann gehöre ich dazu? Zur Kirche und zur Kirchengemeinde – wirklich so eindeutig mit der Taufe? Aber was ist dann mit den ungetauften Konfirmanden und denen im Kinderchor? Gehöre ich dazu, wenn ich alle Riten kenne, wenn ich mich immer so verhalte, wie es die Alten tun? Wann gehöre ich dazu? Wann fängt das an? Und was heißt das eigentlich „dazugehören"?

Will ich dazu gehören? – Das ist vielleicht in gewisser Weise die Frage der Konfirmandenzeit. Oder besser: Wie willst du dich zur Kirche, zu Jesus, zum Glauben halten? Das Eigenartige ist ja, dass für viele gar nicht mehr in Frage steht, ob sie zur Kirche gehören wollen, denn mit der Taufe sind viele von euch ja Mitglieder der Kirche. Aber wie kannst du das gestalten, was bedeutet das für dich?

Eine wesentliche Grundlage für den Versuch einer Antwort auf diese Frage, sind die Geschichten der Bibel. Am Anfang des Johannesevangeliums heißt es:

Am nächsten Tag stand Johannes abermals da und zwei seiner Jünger; und als er Jesus vorübergehen sah, sprach er: Siehe, das ist Gottes Lamm! Und die zwei Jünger hörten ihn reden und folgten Jesus nach. Jesus aber wandte sich um und sah sie nachfolgen und sprach zu ihnen: Was sucht ihr? Sie aber sprachen zu ihm: Rabbi – das heißt übersetzt: Meister –, wo wirst du bleiben? Er sprach zu ihnen: Kommt und seht! Sie kamen und sahen's und blieben diesen Tag bei ihm. Es war aber um die zehnte Stunde. Einer von den zweien, die Johannes gehört hatten und Jesus nachgefolgt waren, war Andreas, der Bruder des Simon Petrus. Der findet zuerst seinen Bruder Simon und spricht zu ihm: Wir haben den Messias gefunden, das heißt übersetzt: der Gesalbte. Und er führte ihn zu Jesus. Als Jesus ihn sah, sprach er: Du bist Simon, der Sohn des Johannes; du sollst Kephas heißen, das heißt übersetzt: Fels.

Joh 1,35-42

Vier Aspekte dieser Geschichte machen deutlich, warum ihr einerseits bereits dazugehört und andererseits eben doch auf der Suche seid.

Vorauslaufende Beziehung

Da ist zunächst die Beobachtung, dass nicht erst die Begegnung mit Jesus die zwei Jünger mit ihm in Beziehung setzt. Nein, sie werden durch Johannes mit Jesus in Beziehung gesetzt. Johannes weist auf Jesus hin und erzählt ihnen von Jesus als dem Lamm Gottes. Die erste Begegnung der beiden Männer mit Jesus geschieht also nicht voraussetzungslos.

Ihr, liebe Konfirmanden und Konfirmandinnen, habt auch schon eure Erfahrungen mit Religion und Kirche gemacht. Eure Eltern haben mit euch darüber gesprochen. Manche habe euch taufen lassen. Sie wollten euch hineinstellen in die Gemeinschaft Jesu, wollten euch beschenken mit dem Segensgeschenk der Taufe. Ihr gehört dazu, habt einen Samen in euch.

Andere Eltern haben euch nicht taufen lassen, aber ihr habt Religionsunterricht gehabt. Sie haben euch Geschichten von Gott und Jesus erzählt, mit euch vielleicht auch diskutiert. Sie haben euch die Beziehungsmöglichkeit offen gehalten.

Euch allen ist gemeinsam: ihr habt Erfahrungen und Anknüpfungspunkte. Durch den Konfirmandenunterricht gehört ihr jetzt dazu. Aber wie bei den Jüngern ist die Ahnung, was es heißt Jesus nachzufolgen, vage. Zu einer Gemeinschaft, zur Kirche zu gehören, heißt nicht automatisch, dass man um seinen Glauben weiß.

Was sucht ihr?

Und das ist die zweite Beobachtung: Jesus nimmt die Männer wahr und fragt sie: *„Was sucht ihr?"*

Was sucht ihr? Der Anfang der Jüngergemeinschaft Jesu ist kein Parteiprogramm und kein Regelheft, sondern eine Frage.

Was sucht ihr? – Es geht um die Fragen, um die Hoffnungen, um die Sehnsüchte der Männer. Jesus stellt sich nicht vor, wer er für sie sein will, er hält eben gerade dies offen.

Was sucht ihr? Was sind eure Fragen, liebe Konfis? – Es geht in der Kirche nicht immer nur um Antworten, sondern wesentlich um die Fragen des Lebens. Und wie jeder und jede in dieser Gemeinde seine individuellen Fragen hat, so ist auch die Beziehung zu Gott und Jesus, so ist der Glaube für jeden und jede anders. Die Vielheit macht die Gemeinde schön. Was sucht ihr?

Bleiben

Die Männer antworten: „Rabbi – das heißt übersetzt: Meister –, wo wirst du bleiben?"

Dieses kleine unscheinbare Verb „bleiben" ist der dritte bedeutende Aspekt. Die Männer haben eine Ahnung von der Bedeutung Jesu.

Aber ihre Grundfrage ist nicht die nach irgendeiner Lehre, nach einer Dogmatik, nach einem Gesetz. Nein, sie fragen nach dem Bleiben Jesu. „Wo wirst du bleiben?" – Bleiben ist eines der Hauptworte im Johannesevangelium. Es ist quasi das Wort für die Beziehung zwischen dem Vater, dem Sohn und dem Menschen.

Wo bleiben wir? Wo bleibt Gott in deinem Leben? Was bleibt von mir eines Tages? Wo finden wir Jesus, findet Gott in deinem Leben eine Bleibe? Gegen Ende wird Jesus seinen Jüngern sagen: „Wer in mir bleibt und ich in ihm, der wird viel Frucht bringen? (Joh 15,5b) Und: „In meines Vaters Haus gibt es viele Bleiben!" (Joh 14,2)

Aber was wird aus der Frage der Männer? Gibt es eine Antwort? Wo bleibt Jesus im Konfirmandenunterricht – tritt er klar und deutlich hervor? Geschieht es zu bestimmten Zeiten oder nur bei geeigneter Stimmung?

Was bleibt? Das ist keine Frage nur von Jugendlichen, das ist eine der Grundfragen des Lebens. Was bleibt und gibt mir Sicherheit? Was bleibt, wenn alte Beziehungen brechen, scheitern, sterben? Der Glaube ist vielleicht zunächst nichts anderes als das Vertrauen, dass irgendetwas bleibt und mich trägt, dass du Geborgenheit und Sicherheit, ja Frieden in deinem Leben finden kannst. Einen Frieden, aus dem du lebst.

Es ist die Aufgabe der Kirche, ja der Brüder und Schwestern untereinander, dass sie in schwierigen Zeiten, in Zeiten der Unsicherheit und der Veränderung an das Bleibende erinnert. Aber was heißt das? Jesu Antwort erstaunt. Sie ist kein langer Wortschwall. Sondern eine Einladung zum Sehen.

Kommt und seht!

„Kommt und seht!", antwortet Jesus. Und die Männer bleiben, bis der Tag vollendet ist und folgen ihm nach. Die vierte Beobachtung: Wer Jesus, wer Gott, wer Christus erfassen will, muss sich wie ihr, liebe Konfirmanden und Konfirmandinnen, auf den Weg machen. Aus den Männern werden Jünger und sie finden andere Menschen, die ihren Weg teilen.

Die Jünger werden Vieles erleben. Sie werden auf der Hochzeit zu Kana ein Weinwunder schmecken (Joh 2). Sie werden sehen, wie 5000 Menschen von zwei Fischen und fünf Broten satt werden (Joh 6). Sie werden Heilungen erleben (Joh 5, Joh 9). Sie werden Jesus reden hören und sie werden am Ende dem Leiden am Kreuz in die Augen sehen. Und schließlich werden sie Zeugen seiner Auferstehung sein. Auf dem Weg mit Jesus wird ihnen das Leben und die Liebe offenbart. Und sie werden zu einer Gemeinschaft der Liebenden wachsen, ohne dabei stets alles zu verstehen.

Und Christus? Wo wird er bleiben? Er wird den Tröster, den Heiligen Geist schicken, der sie lehren wird immer wieder neu. So wird er bleiben!

Kommt und seht! Das ist der Einladungsruf Jesu an uns alle. Es geht nicht um die Konstruktion eines großartigen Gedankengebäudes. Kommt und seht – es geht um dein Leben. Jesus nimmt die Jünger mit auf seinen Weg.

So wie wir euch, liebe Konfirmanden und Konfirmandinnen, mit auf den Weg genommen haben. Auf dem Weg gibt es gemeinsames Essen. Es gibt große Herausforderungen zu bestehen. Manchmal brauchst du Mut und Vertrauen – wie gestern, als du am Seil über der Schlucht hingst. Es gibt mal leichte Wege und mal anspruchsvolle über Steine und Felsen. Mal geht es trocken zu und mal wirst du nass mit den anderen in deinem Boot. Und mitten auf dem Weg kommen dir Fragen: Wozu das alles? Und du kommst ins Gespräch mit anderen Menschen, mit jungen und alten! Ja, ihr wachst zu einer Gemeinschaft zusammen, vielleicht nur für eine kurze Zeitspanne eures Lebens, vielleicht aber entsteht daraus auch mehr. Und auf dem Weg werdet ihr die Freude erleben und gelegentlich auch die Nachdenklichkeit und Traurigkeit.

Kommt und seht! – Jesus zeigt seinen Jüngern, wo er bleibt im Leben. Was die Jünger daraus machen werden, das ist ganz offen. So wie heute auch ganz offen ist, wie ihr einmal glauben werdet. Wie ihr euch einbringen werdet in die Gemeinschaft. Aber für den Moment gehört ihr dazu. Seid ihr dabei und diese Erfahrung wird hoffentlich bleiben. Komm und seht – was daraus wird.

Kraft zum Menschsein[11]

Am Abend aber, da die Sonne untergegangen war, brachten sie zu ihm alle Kranken und Besessenen. Und die ganze Stadt war versammelt vor der Tür. Und er heilte viele, die an mancherlei Krankheiten litten, und trieb viele Dämonen aus und ließ die Dämonen nicht reden; denn sie kannten ihn.

Mk 1,32-33

Und sie brachten Kinder in die Kirche, auf dass sie getauft würden. Und sie wurden aufgenommen in die Gemeinschaft der Kinder Gottes mit Segen und Heilszusage. Ihre Namen wurden genannt, auf dass Gott sie kennt im Bürgerverzeichnis des Himmels. Die Taufe, so heißt es, bringt Heil; ja, im Kontext von Sündenlehre und Rechtfertigungslehre macht sie auch heil. Die Taufe ist ein gutes Fundament für das Leben.

Sie bringen Kranke zu ihm

Um Heil und Heilung geht es auch im Evangeliumstext, den wir eben gehört haben. Menschen bringen Jesus *alle* Kranken und Besessenen, damit er sie heile. Welche Hoffnung ruht da auf Jesus. Jesus der Heiler aller Krankheiten und Austreiber aller Dämonen. Es ist die Sehnsucht nach Wundern zum Machterweis Jesu und die Sehnsucht nach Heilung, die die Menschen antreibt.

---

[11] Predigt am 19. Sonntag nach Trinitatis, 22.10.2017 in der Friedenskirche Handschuhsheim zu Mk 1,32-33.

Die gehörten Verse sind die erste große Zusammenfassung des Wirkens Jesu im Markusevangelium. Alles ist darin enthalten: die Heilungen und die Predigt, die Bewegung Jesu zwischen den Orten. Leicht kann man den Eindruck gewinnen, dass das Wesentliche in Jesu Wirken und Sendung die Heilung von Menschen ist. Hauptsache gesund! Und so bringen sie *alle* Kranken und Besessenen zu Jesus und hoffen auf Gesundheit und Freiheit von Zwängen. Jesus soll es richten.

Schon hier aber macht Jesus den Erwartungen einen Strich durch die Rechnung: Sie brachten *alle* zu ihm, er aber heilte *viele* Kranke und *viele* Besessenen. Aber eben nicht *alle*.

Das wirft doch mal Fragen auf! Wieso heilt er nicht alle? Ist das nicht zynisch, einige nicht zu heilen? Gibt es da etwa Kriterien, wen Jesus heilt oder ist es Zufall? Eine offene Antwort auf diese Frage bietet der Text nicht.

Und was ist mit denen, die nicht geheilt werden. Sind die einfach verloren? Oder stimmt vielleicht das Diktum „Hauptsache gesund!" gar nicht erst? Es bleibt vorerst ein Geheimnis.

Dämonen sollen schweigen

Es gibt einen zweiten solchen Widerspruch. Die Dämonen, die Jesus austreibt, erkennen ihn, aber er verbietet ihnen zu reden. Das Schweigen der Dämonen wahrt das Geheimnis um die Person und die Macht Jesu. Jesus scheint gar nicht daran interessiert zu sein, seine volle Macht einzusetzen noch voll verstanden zu werden. Dazu fügt sich, dass er offensichtlich gerne einsame Stätten aufsucht und nicht einmal seine Jünger genau wissen, wo er ist. Sie müssen ihn suchen und finden. Und kaum haben sie ihn gefunden, schlägt Jesus vor, den Ort zu wechseln, damit er anderswo predigen kann. Warum so eine Geheimnistuerei und was hat das mit der Gesundheit zu tun, die nicht allen zuteil wird?

Jesus als Geheimnis

Immer wieder taufen wir Kinder. Wir sprechen ihnen das Siegel der Taufe mit dem Segen zu. Sie gehören dazu, aber die Taufe ist kein Allheilmittel und keine unbedingte Sicherheit.

Die Taufe – das Ja Gottes und die Liebe Gottes, der Segen und die Neugeburt – schenkt nicht unbedingte Sicherheit. Freude ist der Sinn des Lebens, aber nicht jeder Tag ist voll Freude. Heil ist den Getauften zugesagt, aber eben nicht ewige Gesundheit. Ewiges Leben ist ihnen verheißen, aber nicht Unsterblichkeit. Die Taufe bewahrt nicht von den Anfechtungen und Gefährdungen des Lebens.

Eltern stellen ihre Kinder unter die Herrschaft Jesu Christi, lassen sie quasi los und frei, so wie sie ihre Söhne und Töchter jeden Tag ihres Lebens mehr frei lassen müssen. Wir bekommen Kinder bei der Geburt wie ein kostbares Geschenk in den Arm gelegt, um sie fortan wieder loszulassen, sie ins Leben zu begleiten, sie mündig zu machen. Die Taufe ist ein Zeichen für dieses Freilassen. Wir verfügen nicht über das Schicksal und das Werden unserer Kinder. Und dennoch hören wir nicht auf, sie zu erziehen, sie zu begleiten, ihnen zu helfen, Ratschläge zu erteilen. Trotz der Herrschaftsaufgabe in der Taufe tragen wir weiter Verantwortung für unsere Kinder in Liebe.

Es ist dasselbe Geschehen, wenn wir für Kranke beten. Wir legen sie Gott ans Herz, bitten um Heilung, doch wir werden nicht entpflichtet, Kranke zu pflegen. Wir beten für die Hungernden, aber es bleibt unsere Aufgabe, gegen den Hunger der vielen zu kämpfen. Wir beten für Frieden, aber es bleibt unsere Aufgabe, am Frieden zu bauen.

Kraft zum Menschsein

Hauptsache gesund! – Das ist nicht alles! Im Gesundheitswahn unserer Tage, in der die individualistische Sehnsucht nach einem gesunden, schmerzfreien und angstfreien Leben zum Wahn wird und Menschen fasten, joggen, von einer Therapiegruppe zur anderen wechseln und wie besessen vom Ziel der Selbstgenügsamkeit und Selbstverwirklichung sich ständig selbst aus der Erde herausreißen, um nachzusehen, ob ihre Wurzeln auch wirklich gesund sind, kann das bewahrte Geheimnis Jesu zur Kraft werden.

Jesus heilt viele, aber nicht alle. Ja, er selbst wird dem Leiden nicht ausweichen. Die Vollmacht Jesu besteht nicht darin, dass er den Menschen ein schmerzfrei heiles Leben schafft, in dem es keine Not und Sorge um Gefährdungen und Brüche mehr geben wird. Jesus sucht und schenkt vielmehr Kraft zum Menschsein. Die Gesundheit und die Heilung, die Jesus den Menschen schenkt, ist keine falsche Sicherheit und unverfügbar. Zum Menschschein aber gehört die Erfahrung von Krankheit, von Endlichkeit, von Begrenztheit. Zum Menschsein gehört, dass er handelt und selbst die Ursachen des Leidens bekämpft. Alles andere wäre Gotteslästerung. Das Geheimnis um Jesu Person bewahrt uns vor falscher Sicherheit und davor, die Hände in den Schoß zu legen.

Wo aber findet der Mensch Jesus, diese Kraft zum Menschsein? – Er zieht sich zurück. An einen einsamen Ort und betet dort. Im Gebet bindet er sein Leben – seine Freude und seine Leiden, seine Kraft und auch Kraftlosigkeit zurück an den Schöpfervater, der ihm die Kraft zum Menschsein verliehen hat, der auch uns ins Leben gerufen hat.

Im Gebet bin ich mir bewusst, dass Gott mich hört, dass er mein Leben fundamental bejaht, er mich nicht aus seiner Liebe lässt. Er traut mir auch in der Anfechtung zu, nicht zu zerbrechen, sondern schenkt mir Kraft zum Menschsein, Mut zum Leben – ich vertraue auf dieses Ja und diese Liebe.

Den Menschen, die ich als Pfarrer begleite, sei es in Gottesdiensten, sei im Konfirmandenunterricht oder in der Arbeit mit Kindern und Jugendlichen, wünsche ich, dass sie in Anfechtungen und den stressigen Zeiten auf diese Kraft Gottes vertrauen, auf die Liebe und sein Ja, das sie bestärkt, selbst wenn sie zweifeln und das sie am Ende, in der tiefsten Krise auffängt. Ich freue mich, wenn wir Christen genau diese Hoffnung in der Welt leuchten lassen. Denn Christus, das Geheimnis, braucht uns auf seinem Weg zu den Menschen. Er braucht uns an allen Orten, dass wir von der Kraft zum Menschsein erzählen und dass wir handeln, das Leiden mindern, nicht nur mit Worten, sondern auch mit Taten. Die Hoffnung braucht uns. Wie es einst der Kabarettist Hanns Dieter Hüsch so gesagt hat:

„Wir sind Fantasten des Herrn
und tragen das Kreuz als Krone,
dass Hoffnung lebet auf jedem Stern
und Freundschaft in uns wohne.

Zeige dein Lächeln, zeig dein Gesicht,
Christus ist mit uns, fürchte dich nicht.
Wir sind die Hoffnung, er ist das Licht,
es zieht ein Leuchten in unser Gesicht.
Dass alle Furcht von dannen zieht,
singen wir täglich dieses Lied."[12]

---

[12] Hanns Dieter Hüsch, Ich habe nichts mehr nachzutragen. Die christlichen Texte. Das literarische Werk Bd 4, Berlin 2017, S. 355.

Mehr Stille wagen[13]

Was wollen wir nun hierzu sagen? Ist Gott für uns, wer kann wider uns sein? Der auch seinen eigenen Sohn nicht verschont hat, sondern hat ihn für uns alle dahingegeben – wie sollte er uns mit ihm nicht alles schenken? Wer will die Auserwählten Gottes beschuldigen? Gott ist hier, der gerecht macht. Wer will verdammen? Christus Jesus ist hier, der gestorben ist, ja mehr noch, der auch auferweckt ist, der zur Rechten Gottes ist und für uns eintritt.

Röm 8,31-34

Liebe Gemeinde, wie ein „Werbelied der Liebe Gottes", ja wie ein „Hohelied der Heilsgewissheit" wirken die Worte, die Paulus der römischen Gemeinde schreibt. Er schreibt sie als eine Reaktion auf die vielerlei Kritik und Gefahren, die seine Ausfüllung des Apostolats mit sich brachte. Gegen die Anfechtung seiner Zeit, gegen die Konflikte mit den Gegnern und der Obrigkeit bringt er seine ganze christliche Existenz ins Spiel. Die zentrale Botschaft, der zentrale Satz dieses Werbelieds: „Ist Gott für uns, wer kann wider uns sein?" (Röm 8,31b) Gott ist für uns! Gott ist für dich! Nichts kann uns scheiden von der Liebe Gottes! Oder?

Wenn ich in diesem Jahr die vielen Jahresrückblicke betrachte, dann sind doch im öffentlichen Jahr allenfalls Atome dieses „Gott für uns!" zu erkennen. So viele laute Worte. So viel Terror! So viel Hetze und noch mehr Hassparolen. So viele Verzweiflungsakte. „Ist

---

[13] Predigt zum Jahreswechsel 2016/2017 in der Friedenskirche Handschuhsheim zu Jes 30,8-17.

Gott für uns, wer kann wider uns sein!"? – Was ist dieser Satz Wert im Angesicht der Zerstörung der Menschlichkeit in Aleppo und Mossul? Was ist dieser Satz wert im Angesicht des Flüchtlingsdeals und der leidenden, verzweifelten Menschen in Idomeni? Was ist dieser Satz wert, wenn jede Nachricht in einer Angst erzeugenden Spirale der Wortgewalt endet?

Okay, es ist eine Frage der Perspektive, man denke nur an die richtig guten Dinge des Jahres:

Das: „Huh!" – der Isländer.
Jonas Hectors Elfmeter gegen Italien.
P/2016 BA14 und 252P/Linear – zwei Kometen rasen knapp an der Erde vorbei.
Die Elbphilharmonie ist fertig.
Die Plastiktüte stirbt aus und kostet endlich immer etwas.
Die Geburtenrate in Deutschland ist gestiegen.
Du bist immer noch einer von achtzig Millionen.
Irgendwo wurde selbst in Handschuhsheim mal eine Wohnung frei.
Böhmermann musste nicht ins Gefängnis.
Österreich hat es geschafft, einen Präsidenten zu wählen.
In Kolumbien wollten sie Frieden und machten dann auch Frieden.
Hoffnungszeichen, derer es gewiss mehr gibt.

Und dennoch, zum Jahresende sind die meisten Jahresrückblicke geprägt von Sorge und Angst vor der Zukunft und vor Trump. Was wird kommen und was wird werden? Noch mehr Gewalt? Noch mehr Hass? War es gar das letzte Weihnachten, ehe PEGIDA und der Islam übernehmen? Zumindest in Bayern scheinen sie da voller Sorge.

Wahrhaftigkeit

Und in dieser Situation des Übergangs auf der Schwelle ins Ungewisse sieht die kirchliche Leseordnung im Jahr 2016 folgende Prophetenworte aus dem Jesajabuch als Predigttext für Silvester vor:

So geh nun hin und schreib es vor ihnen nieder auf eine Tafel und zeichne es in ein Buch, dass es bleibe als Zeuge für immer und ewig. Denn sie sind ein ungehorsames Volk und verlogene Kinder, die nicht hören wollen die Weisung des Herrn, sondern sagen zu den Sehern: »Ihr sollt nicht sehen!« und zu den Schauern: »Was wahr ist, sollt ihr uns nicht schauen! Redet zu uns, was angenehm ist; schaut, was täuscht! Weicht ab vom Wege, geht aus der rechten Bahn! Lasst uns doch in Ruhe mit dem Heiligen Israels!«

Darum, so spricht der Heilige Israels: Weil ihr dies Wort verwerft und vertraut auf Frevel und Mutwillen und verlasst euch darauf, so soll euch diese Schuld sein wie ein Riss, der aufbricht und klafft an einer hohen Mauer, die plötzlich, unversehens einstürzt, wie wenn ein Topf zerschmettert wird, den man zerstößt ohne Erbarmen, sodass man von seinen Stücken nicht eine Scherbe findet, darin man Feuer hole vom Herd oder Wasser schöpfe aus dem Brunnen.

Jes 30,8-14

Ich finde: Die Bibel ist ein hochaktuelles Buch! Gut, es ist nicht zuerst ein Verheißungswort, das Jesaja da spricht. Sondern eine biblische Analyse des Niedergangs (der zweite Teil des Predigttextes kommt noch). Israel hat im 8. Jahrhundert aufs falsche Pferd gesetzt. Sie haben, statt auf ihre Gottesbeziehung zu vertrauen, falsche Bündnisse geschmiedet und nun geht es nieder mit ihnen. Ihre strategischen Pläne werden durchkreuzt, das Exil steht bevor. Der Aktionismus der Betroffenheit und der Angst wird zur Gefährdung der Freiheit.

Was kann Gott schon ausrichten in dieser Situation der Gefährdung? Am besten sie schweigen, die mahnenden Propheten damals (und die Kirchen heute).

Fatal aber sind die Folgen: In der biblischen Situation behält der Prophet Recht, das Volk wird zerrissen, die Freiheit geht verloren, Assyrien überrennt das Land, das Volk wird deportiert und zerstreut. Das war es dann. Ende!

Was für eine düstere Prognose, gibt es noch Hoffnung? Wollen wir so aus dem Jahr scheiden mit Untergangsprophetie, hoffnungslos in die Angst hinein rasend.

Ist Gott für uns, wer kann wider uns sein! Wir brauchen doch Ermutigung. Ermutigung auf dem beschwerlichen Weg, um unserer Menschlichkeit, um unserer Versöhnungsfähigkeit, um unserer Besonnenheit und Friedfertigkeit wieder zum Leben zu verhelfen. Wir brauchen Ermutigung, wie die schwangere Maria Ermutigung bekam auf dem Weg nach Bethlehem.

Mehr Stille wagen

Denn so spricht Gott der Herr, der Heilige Israels: „In Zurückhaltung und Gelassenheit liegt eure Rettung, in Stillehalten und Vertrauen eure (militärische) Stärke.“

Aber ihr habt nicht gewollt und sprach: »Nein, sondern auf Rossen wollen wir dahinfliegen«, – darum werdet ihr dahinfliehen »und auf Rennern wollen wir reiten«, – darum werden euch eure Verfolger überrennen. Denn tausend werden fliehen vor eines Einzigen Drohen, ihr alle vor dem Drohen von fünfen, bis ihr übrig bleibt wie ein Mast oben auf einem Berge und wie ein Banner auf einem Hügel.

Jes 30,15-17

Mehr Stille wagen, fordert der Prophet Jesaja ein. Das ist so ziemlich genau das Gegenteil dessen, was uns medial entgegen geschleudert wird. Wenn aus Betroffenheit Angst gesteuerte Gegenmaßnahmen und Gesetze gefordert werden, die dann aber gar nicht implementiert werden können.

Mehr Stille wagen! Ist diese Zeit zwischen Weihnachten und Neujahr, diese Zeit zwischen den Jahren, diese Schwellenzeit nicht auch deshalb so besonders, weil endlich einmal Ruhe einkehrt, Stille, Zeit zum Innehalten.

Das Kind in der Krippe und unsere eigenen Anfänge, die Hoffnung der Hirten und unsere eigenen Hoffnungen und vor allem das „Fürchtet euch nicht!" der Engel. In der Stille dieser Tage kann man wahrnehmen, was trägt: die Kinder spielen, die Welt ruht, selbst die Hetzer machen mal eine Pause. Hervortritt, was das Leben wertvoll macht, die Freude und auch die Fähigkeit zu trauern über Menschen, die wichtig waren und sind und bleiben. Der Blick in die Krippe weist doch die Richtung: Stille wagen für die Liebe und den Frieden, der da liegt in dem Gotteskind mitten in der kalten und finstern Welt.

Gewiss, seien wir nicht naiv. Allein aus Glauben und mit Glauben und Frömmigkeit allein wird die Welt nicht menschlicher. Unsere Konflikte werden wir nicht einfach weg beten können. Gott alles überlassen ist vielleicht auch nicht gottgewollt. Er hat uns ja nun mal die Möglichkeit des Entscheidens zwischen Gut und Böse geschenkt, er hat uns in die Freiheit jenseits des Paradieses gestellt mit all den Lasten, die diese Freiheit bedeutet. Ein Glaube, der nicht auch ins gesellschaftliche Handeln führt, wird nicht helfen. Ebenso wenig eine pseudoreligiös motivierte Politik, die Werte und Abendland verteidigen will, ohne aber das Eigentliche zu bedenken.

„In Zurückhaltung und Gelassenheit liegt eure Rettung, in Stillehalten und Vertrauen eure (militärische) Stärke." Das ist kein Aufruf zum Nichtstun, sondern eine Aufforderung zur religiösen Rückbesinnung. Jesaja stellt dem Satz gleich eine dreifache Gottesformel voran: So spricht *Gott der Herr, der Heilige Israels.* Gott spricht mit dem ganzen Gewicht seiner Persönlichkeit als Adonaj – Herr der Welt, als Elohim – mit seiner Liebe zu allen Geschöpfen und als Heiliger Israels, der eine innige Beziehung zu seinem Volk hat.

„In Zurückhaltung und Gelassenheit liegt eure Rettung, in Stillehalten und Vertrauen eure (militärische) Stärke." Nicht mehr und nicht weniger ist nötig als Innehalten und sich dieser tragenden, liebenden Beziehung Gottes zu seiner Welt und zu seinem Volk bewusst zu werden. Es geht um die Erinnerung, des „Gott für uns!"

Mehr Stille wagen! Nicht immer gleich alles aus dem Affekt heraus kommentieren. Nicht immer fordern. Nicht immer sofort einen Maßnahmenkatalog vorlegen. Nicht immer sofort auf Rossen dahinfliegen und drohen. Und sich nicht zu viele Vorsätze und Pläne machen.

Mehr Stille wagen und Vertrauen gewinnen und dabei in Gott und durch Gott den Menschen erkennen als einen der sich nach Liebe sehnt, als einen der – egal ob Muslim, Jude, Buddhist, Hindu oder Christ – unendlich als Mensch geliebt ist. Vielleicht wäre für das

54

Neue Jahr schon viel gewonnen, wenn wir ein neues Maß der Menschlichkeit wieder gewinnen, ein Maß, das sich an Gott und seinem Krippenkind orientiert, ein Maß, in dem jeder Mensch als Mensch angesehen wird, mit unendlicher Würde, zur Liebe begabt, mit einem Recht auf Leben und einem Recht auf Frieden. Ein Maß des Menschlichen, das in unserem Reden, Posten und Handeln Nachhall findet.

„Ist Gott für uns, wer kann wider uns sein?" – Das Wort des Paulus bringt es auf den Punkt. Es gibt Grund zum Zweifeln, Gründe für Angst und zur Sorge. Aber in Christus Jesus ist Gott doch selbst in diese gefallene Welt gekommen. In Jesus Christus, der uns bis in die Abgründe unserer Verlorenheit geliebt hat, hat Gott uns seine Liebe offenbart, von der uns nichts trennen kann. In Jesus Christus gibt es kein „Zu spät" und keine vertane Chance. Nein, wir gehen über der Jahre Schwelle und dürfen und können und sollen und müssen jeden Tag neu anfangen, seine Liebe erinnern und weiterzugeben. Nicht nur für unser kleines Seelenheil, nein für die Welt. *„In Zurückhaltung und Gelassenheit liegt eure Rettung, in Stillehalten und Vertrauen eure (militärische) Stärke."* „Ist Gott für uns, wer kann wider uns sein?"

Gnade und Zweifel eines Vaters[14]

Erster Akt: Risse im Paradies

Und Jesus sprach: Ein Mensch hatte zwei Söhne.

Vater:

Ich bin stolz auf meine zwei Söhne.
Sie sind freundliche junge Männer.
Ich habe sie unterstützt, damit sie einmal meinen Hof und mein
Land übernehmen sollen.
Sie sollen es sich teilen miteinander.
Hier haben sie alles, was sie brauchen.
Eine Familie, in der es allen gut geht.
Ich freue mich, wenn sie sich gut verstehen.
Ich freue mich, wenn sie ihre Leistung bringen.
Ich freue mich, wenn sie in der Familie Orientierung und Halt fin-
den.
Ich habe sie darin erzogen,
dass sie die Regeln und Gebote halten,
dass sie die richtigen Werte achten.

Alles gebe ich für sie,
damit sie mein Erbe gut verwalten
und damit mein Haus und Hof besteht.

---

[14] Eine Meditation in drei Akten zu Lk 15,11-32. Die Textpassagen des „jüngeren
Sohnes" stammen von Gert-Ulrich Hartkorn.

Ich bin ein stolzer Vater.
Meine Kinder wissen das,
ich liebe sie
und ich gäbe Völker an ihrer statt.

Wenn ich mal nicht mehr bin,
dann werden sie gemeinsam ein starkes Team sein,
dann werden sie gut und gütig leben.
Das wünsche ich mir,
dass sie mein Lebenswerk gut verwalten und gestalten.
Ich traue ihnen das zu.

Jüngerer Sohn:

Ich weiß wohl:
Mein Vater meint es gut mit mir.
Aber dennoch:
Ich merke doch, wie enttäuscht er ist,
wenn ich seine Erwartungen nicht erfülle.
Nach außen die heile Familie spielen – das liegt mir nicht.
Am liebsten hätte er,
mein älterer Bruder und ich würden in seine Fußstapfen treten, davon träumt er schon immer.
Zuhause sein!
Verantwortung übernehmen!

Wir sind doch alle eine Familie.
Jeden Tag muss ich mir das anhören.
Wie gerne würde ich was ganz Anderes tun,
raus aus dem heilen Familienleben,

das er so für uns geordnet und vorgesehen hat.

Nein!

Immer nur zuhause sein und auf seine Pläne warten
und sie dann umsetzen,
davon habe ich ehrlich mehr als genug.

Mich zieht es weg.

Ich kann nicht mehr so weiter machen und so tun,
als gebe es nichts Anderes.

Ich will auf meinen eigenen Füßen stehen und mich ausprobieren,
entdecken, was ich auch ohne meinen Vater tun kann.

Das spüre ich schon lange.

Einfach so weiter zu machen, das ist nun vorbei.

Jetzt ist die Zeit gekommen.

Ich muss unbedingt mit meinem Vater darüber sprechen.

Es wird nicht leicht werden…

*Und der jüngere von ihnen sprach zu dem Vater: Gib mir, Vater, das Erbteil,
das mir zusteht. Und er teilte Hab und Gut unter sie.*

Älterer Sohn:

Das ist ja mal wieder typisch.

Der braucht immer das Besondere.

Und wie immer gibt Vater ihm alles.

Und ich?

Auf mich kann er sich verlassen.

Ich bleibe hier und erfülle die Erwartungen.

Mir geht es ja auch gut hier.

Ich habe meine Freunde.

Ich habe eine Aufgabe.
Ich bin angesehen.

Aber mein Bruder?
Schon immer wollte der etwas Besonderes sein.
Immer hatte der seine Träume und Sehnsüchte.
Größenwahn.

Und Vater gibt ihm auch noch das Erbe.
Der sieht gar nicht, wie es um unseren Hof und unser Land steht.
Manchmal können wir kaum die Tagelöhner bezahlen.
Vater ist völlig verblendet in seiner Vorstellung einer heilen Welt.
Und jetzt lässt er meinen Bruder einfach gehen.
Der lässt mich einfach im Stich.
Auf und davon. Für mich ist er gestorben.

Und ich bleibe zurück.
Auf mich kann man sich ja verlassen.
Ich bringe die jetzt schon irgendwie durch.
So, wie es Vater immer gewollt hat,
gehorsam sein, verlässlich sein, seinen Teil tragen,
Leistung bringen.

Ich mühe mich ab.
Ich bleibe hier.
Aber mein ach so feiner Bruder, dieser Fantast,
der geht jetzt.
Ein Gutes hat es ja:
Jetzt ist es mein Erbteil.
Jetzt gehört mir die Zuwendung des Vaters ganz.
Ein letzter Blick.

Geh nur, Bruder.

Auf und davon.

Leb wohl in deiner Welt!

Und nicht lange danach sammelte der jüngere Sohn alles zusammen und zog in ein fernes Land; und dort brachte er sein Erbteil durch mit Prassen. Als er aber alles verbraucht hatte, kam eine große Hungersnot über jenes Land und er fing an zu darben und ging hin und hängte sich an einen Bürger jenes Landes; der schickte ihn auf seinen Acker, die Säue zu hüten. Und er begehrte, seinen Bauch zu füllen mit den Schoten, die die Säue fraßen; und niemand gab sie ihm.

<u>Jüngerer Sohn</u>

Oh weh!

Hier stehe ich nun.

Alles ist anders gekommen.

Dabei lief es zuerst ganz prima,

genau so, wie ich mir das vorgestellt hatte:

Ich hatte plötzlich alles, was man sich wünschen kann:

viele Freunde, die sich wirklich um mich gerissen haben,

auch die Frauen!

Was haben wir Feste gefeiert.

Ich habe wirklich geglaubt,

das wird noch Jahre so weiter gehen

und hier draußen wartet das Leben geradezu auf mich!

Endlich, nach so vielen Jahren wollte ich all das nachzuholen,

worauf ich zuhause immer verzichten musste.

Wie sagt man so schön, die Welt liegt einem zu Füßen!

Ja, von wegen - ich hab das wirklich geglaubt.

Und plötzlich kam alles ganz anders,

am Anfang ganz unbemerkt.

Und schließlich:

Meine Träume von Leben, Lieben und Umherziehen,

sie zerrannen mir in den Händen.

Das funktioniert, solange du viel Besitz und Reichtümer hast.

Und das hatte ich ja, als ich von zuhause losgegangen war.

Aber es hielt nicht lange an,

bald war alles aufgebraucht.

Ich wurde bestohlen, belogen und gejagt.

Ich musste Schulden machen,

sogar einmal um mein Leben fürchten.

„Freunde, so helft mir doch!",

hörte ich mich verzweifelt rufen.

Und die Freunde, welche Freunde?

Solange du mit deinem Lebensstil Eindruck schinden kannst,

solange sind alle da, manchmal mehr als dir lieb ist.

Schließlich blieb mir nichts übrig als…

– wenn ich daran denke schäme ich mich so sehr… –

Arbeit anzunehmen, die sonst niemand tun will!

In der Gosse bin ich gelandet,

sogar um Nahrung musste ich bangen,

damit ich überlebe.

Ich, was bin ich?

Ein großer Filou?

Ich frage mich, wäre es anders gekommen,

wenn unser Vater anders mit uns Kindern umgegangen wäre?

Denn wirkliche Freunde, die hatte ich nie!

Wie schön ist das, wenn Du Freunde hast,

dachte ich dann, als alles gut lief.

Aber das ist nun vorbei.

Nun stehe ich hier, ich kann nicht anders.
Mein Leben, meine Pläne und Vorstellungen,
meine Freunde, alles hat sich zerschlagen, wie in Luft aufgelöst.

Wie wenn man aus einem bösen Traum aufwacht.
Aber es ist kein Traum, leider…

Was soll ich tun?
Es muss sich etwas ändern, unbedingt!
So geht mein Leben vollends vor die Schweine.
Das kann's doch nicht sein!
Das will ich nicht!
Aber was will ich?
Ich weiß es nicht.

Oder etwa doch…? *(zögert)*

Vielleicht…vielleicht ist es möglich…zurück nach Hause…? *(zögert)*

Wie peinlich wäre das denn?
Und wie würden sie reagieren
 – mein Vater, und mein Bruder erst!
Wie es ihnen wohl geht?

Auf jeden Fall ist das besser als hier zu bleiben...

Und er machte sich auf und kam zu seinem Vater.

Zweiter Akt: Der Spiegel

Als er aber noch weit entfernt war, sah ihn sein Vater und es jammerte ihn.

Vater:

Das kann nicht wahr sein.
Nein, ich trau meinen Augen kaum.
Mein Sohn wagt es zurückzukommen,
Er findet zu seinen Wurzeln zurück.

Aber wie sieht er aus.
In Lumpen, zerrissen und schmutzig.
Ob er unter die Räuber gefallen ist?

Ach, was soll's.
Seit er weg ist, habe ich viel nachgedacht.
Sein Weggang war der größte Schmerz in meinem Leben.
Ganz langsam habe ich erkannt,
dass ich vielleicht zu große Erwartungen hatte.
Ich habe meine Welt, meinen Hof und mein Land
für das Paradies gehalten,
aber mein Sohn wollte raus.
Er wollte die Freiheit, die Welt erkunden,
seine Träume verwirklichen.

Seit er fort ist,
habe ich mein Paradies verloren.

Aber ich habe nie aufgehört,
an meinen Sohn zu denken.

Ich wünschte, er hätte es zu etwas gebracht,
vielleicht ein kleines Startup, ein guter Kaufmann.

Nun kommt er dahinten,
am Horizont – ein dreckiger Junge in Lumpen,
er stinkt wie ein Schwein,
aber ich fühle das Glück,
ihn zu sehen.

Das ist der schönste Tag.
Heute wird mein Paradies wieder heil.

Ich laufe ihm entgegen.
Ich muss ihn umarmen, herzen.
Das ist der Tag des Glücks.

Und er lief und fiel ihm um den Hals und küsste ihn. Der Sohn aber sprach zu ihm: Vater, ich habe gesündigt gegen den Himmel und vor dir; ich bin hinfort nicht mehr wert, dass ich dein Sohn heiße. Aber der Vater sprach zu seinen Knechten: Bringt schnell das beste Gewand her und zieht es ihm an und gebt ihm einen Ring an seine Hand und Schuhe an seine Füße und bringt das gemästete Kalb und schlachtet's; lasst uns essen und fröhlich sein! Denn dieser mein Sohn war tot und ist wieder lebendig geworden; er war verloren und ist gefunden worden. Und sie fingen an, fröhlich zu sein.

Dritter Akt: Gnadenkrise

Aber der ältere Sohn war auf dem Feld. Und als er nahe zum Hause kam, hörte er Singen und Tanzen und rief zu sich einen der Knechte und fragte, was das wäre. Der aber sagte ihm: Dein Bruder ist gekommen, und dein Vater hat

das gemästete Kalb geschlachtet, weil er ihn gesund wiederhat. Da wurde er
zornig und wollte nicht hineingehen. Da ging sein Vater heraus und bat ihn.

Älterer Sohn:

Das kann doch wohl nicht wahr sein!
Da nimmt der sich sein Erbteil.
Ruiniert uns fast.
Geht weg.
Lässt mich allein zurück.
Und jetzt kommt er zurück.
Und Vater schmeißt ein Fest,
schlachtet sogar noch ein Kalb,
das Kalb, das ich mühevoll gezüchtet und gemästet hab
für den Versöhnungstag.

Ich weiß gar nicht, was ich schlimmer finde,
dass mein Bruder, dieser Versager,
zurückgekommen ist
oder dass Vater ihn so umjubelnd empfängt.

Alles hat er verprasst,
das ganze Hab und Gut.
Freiheit wollte er,
Huren nahm er sich.
Und nichts hat er draus gemacht,
aus dem ganzen Gut.

Für Vater ist die Welt wieder in Ordnung,
aber wer hat denn hier immer alles gegeben?
Wer hat die Werte gelebt?
Wer ist hier geblieben aus Pflicht und Gehorsam?

Ne, Vater,
ich feier nicht mit!
Nie gab es für mich ein Fest!
Nie mal ein Wort des Dankes!
Wo habe ich denn deine Gnade gespürt?

Auf dem Feld, beim Schuften?
Bei der Pflege meiner Mutter?
Beim Aushalten deiner Tränen?

Alles habe ich gegeben.
Selbstverständlich – ohne Murren.
Ich war ein guter Sohn,
der sich an die Gesetze und Bräuche der Väter gehalten hat,
und was habe ich davon?

Jetzt sehe ich,
wie für den zerlumpten Versager,
für den, der sich alles genommen hat,
der alles verprasst hat,
und dann in Lumpen zurückgekrochen kam,
ein Fest gefeiert wird.
Mit neuen Kleidern.
Mit meinem gemästeten Kalb.

Und ich?
Wer sieht mich?
Wer sieht mich in meinem alltäglichen Tun und Machen,
Funktionieren und Leben?
Für mich gibt es immer nur Alltag!

Muss ich erst die Sünde wählen,
um die Gnade zu spüren?
Muss ich erst in die Krise geraten,
um die Liebe des Vaters
mit Zärtlichkeit und Wärme zu spüren?
Muss ich erst sterben,
damit ich ein Fest bekomme?

Ich weiß nicht,
bin ich zynisch
oder ist es der Zynismus des Vaters?

Für mich gibt es nichts zu feiern!

Er aber sprach zu ihm: Mein Sohn, du bist allezeit bei mir und alles, was mein ist, das ist dein. Du solltest aber fröhlich und guten Mutes sein; denn dieser dein Bruder war tot und ist wieder lebendig geworden, er war verloren und ist wiedergefunden.

Vater:

Es ist so schön,
dass mein Jüngster wieder zuhause ist.
Und wie sich alle freuen,
ein schönes Fest.
Jetzt ist die Familie wieder zusammen.
Ein richtiger Neuanfang.
Es war richtig, ihn wieder aufzunehmen.
Wie viel Überwindung hat es ihn wohl gekostet,
sich zu mir auf den Weg zu machen,
umzukehren und sein Scheitern zu zeigen.

Ich konnte nicht anders,
die Liebe zu meinem Sohn
ist mehr als das Erbrecht.

Ich weiß, er hat es nicht verdient,
aber ich kann doch nicht meinen Sohn
zu einem Tagelöhner werden lassen!
Ich kann ihn doch nicht verstoßen!
Er ist doch mein Sohn.

Obwohl?
Mein Ältester!
Dass der sich so gar nicht freut,
das macht mich irgendwie schon nachdenklich.
So unbarmherzig.
Er hat immer sein Bestes gegeben,
er hat immer funktioniert.
Um ihn muss ich mir einfach keine Sorgen machen,
der ist gut.

Eigentlich war es das erste Mal,
heute,
dass er so aus der Haut gefahren ist,
dass er so zornig war.
Warum braucht er ein Fest?
Warum braucht er einen Heiler?
Er ist doch gesund!
Was braucht er ein Fest der Freude?
Er ist doch eine Freude!

Hat er denn nie gespürt,
wie wichtig er mir ist?
Hat er nie erfahren,
wie wertvoll er mir ist?
Hat er nie erkannt,
dass ich ihn über alles liebe?

Jetzt empört er sich über das Fest
für seinen Bruder.
Warum hätte ich denn für ihn ein Fest feiern sollen?
Er war doch immer da!
Er war doch immer gut!
Es war doch immer schön!
Braucht es da überhaupt ein Fest?
Reicht es nicht, dass es einfach schön ist?

Wieso sieht er das denn nicht ein?
Oder lass ich ihn zu wenig Liebe spüren?
Bin ich zu streng?
Bin ich zu genügsam?
Bin ich zu stolz, dass ich meine Liebe und meine Gnade im Alltag
verberge?

Wo habe ich ihn denn meine Freude spüren lassen?

Er hat recht,
es ist zynisch:
Erst als mein Sohn verloren war,
habe ich die tiefe Liebe zu ihm erkannt.

Erst als mein Paradies Risse bekam,
habe ich erkannt, dass ich meinem Sohn die Freiheit lassen muss,

dass ich ihn frei lassen muss
von meinen Erwartungen und Träumen,
von meinen Illusionen und meiner Selbsttäuschung.
Er hat mich ent-täuscht.

Ich tue meinem großen Sohn Unrecht.
Vielleicht nicht juristisch,
aber doch moralisch.

Aber wie kann ich mich ändern?
Wie kann ich es besser machen –
als Vater?
Wie kann ich mich in seinem Alltag,
in seinem Funktionieren,
in seiner Selbstverständlichkeit
als den liebenden, freilassenden Vater zeigen?

Ich weiß es nicht!
Wie macht es Gott mit den Menschen?
Lässt er nur die Sünder seine Gnade spüren?
Bedarf es der Krise, damit ich seine Liebe und Nähe wahrnehme
oder geht das auch im Alltag, im gewohnten Trott?

Und wie machen das wohl die vielen anderen Eltern,
wie macht es mein Nachbar,
dass er seine Kinder die Liebe spüren lässt,
selbst in einer scheinbar heilen Welt?

Ich will darüber nachdenken.
Für meinen Sohn,
er bedarf meiner Liebe und Freude an ihm.

Scharfes Wort[15]

„Mit alles, sagt der Typ vor mir im Dönerladen,
doch noch bevor der Dönermann
den schönen Fladen
mit allem, was er hat, beladen
kann, wird er gestoppt:
Nicht doch, ach nein,
Moment, halt ein,
ruft in letzter Sekunde
der Typ vor mir, der König Kunde,
mit alles, wiederholt er brav,
mit alles – aber ohne scharf!

Is kein Problem, sagt Dönermann,
ist Hähnchendöner, is kein Lamm"[16]

Wir hören den Predigttext aus dem Hebräerbrief im vierten Kapitel:

---

[15] Predigt am Sonntag Sexagesimae, 31.01.2016, in der Friedenskirche Handschuhsheim zu Hebr. 4,12-13. In der Woche vor der Predigt wandelte sich die
politische Stimmung im Land. In Berlin wurde ein junges Mädchen vermisst, man
vermutete einen Übergriff eines Flüchtlings. Die Willkommenskultur des Herbs-
tes 2015 bekam Risse. Der Bundesregierung, besonders der Kanzlerin, wurde
Rechtsbruch vorgeworfen. Besonders der bayrische Ministerpräsident setzte dem
Satz der Kanzlerin „Wir schaffen das!" medial wirksam ein „Wir schaffen das
nicht!" entgegen. Die politischen Parolen und Äußerungen aus der Mitte der
Gesellschaft wandelten auf der Schwelle zum Populismus und Hass.
[16]   http://kirchengeschichten.blogspot.de/2015/05/mit-alles-aber-ohne-schaf-
scharf-who.html (abgerufen am 29.1.2015)

„Denn das Wort Gottes ist lebendig und kräftig und schärfer als jedes zwei-schneidige Schwert und dringt durch, bis es scheidet Seele und Geist, auch Mark und Bein, und ist ein Richter der Gedanken und Sinne des Herzens. Und kein Geschöpf ist vor ihm verborgen, sondern es ist alles bloß und aufgedeckt vor den Augen Gottes, dem wir Rechenschaft geben müssen."

Hebr. 4,12-13

„Mit alles, aber ohne scharf" – ich gebe zu, das bestelle ich auch oft beim „Dönermann". Die schönen Geschmäcker ja, der Genuss von Salat, fettigem Fleisch mit guter Soße – da muss nun wirklich nicht der brennend-schneidende Schmerz der Schärfe hinein.

Von der Kanzel bitte Erbauliches

„Mit alles, aber ohne scharf!" – das ist wohl auch eine gute Charak-terisierung von Volkskirche und Predigtalltag.

Bitte lieblich, anrührend, sanft, wohlklingend, die Musik seicht, fein, harmonisch. Klare Worte, bitte – Evangelium – aber nicht zu scharf. Es ist Sonntag, da soll es sonnig sein. Und so lassen wir ger-ne alles weg, was verstört:

Noah sicht den Regenbogen und wir vergessen den Gestank und den Lärm auf der Arche. Von den Toten und der Zerstörung des Lebens auf der Erde bis auf einen kleinen Rest ganz zu schweigen.

Wir hören laut dann das „Fürchte dich nicht!", aber das scharfe Richterwort Gottes, das flüstern wir nur.

Wir feiern die Nettigkeit Jesu, der Blinde sehend, Lahme gehend, Taube hörend gemacht hat, aber seine scharfen Töne gegen Israel, seine Kritik, die Androhung, dass die Axt schon am Baum hängt – ach sei's drum.

Verstörendes bitte nicht in der Kirche. Und das Kreuz, ja das wollen wir sehen, aber die Stille und die Dichte des Kreuzesgeschehens überspielen wir recht bald mit Osterfreude.

Und Gott, ja Gott, der ist lieb. Soll der auch zornig sein können? Nein, nicht doch – viel zu schmerzhaft. Mit alles, aber ohne scharf!

Von der Kanzel bitte Erbauliches. Von der Kanzel bitte Herzliches. Denn destruktive Worte hören wir doch schon genug.

Die Scharfmacher

Wir sind umgeben von scharfen Worten.

Da pöbelt der Mob auf der Straße wieder gegen Ausländer.

Da hören wir erschütternde Nachrichten von Entführten, von Vergewaltigern, von Toten – Nachrichten, die Stimmung erzeugen und dann stellt sich heraus – stimmt gar nicht. Aber die Worte bleiben in der Welt, auf dem Server und erzeugen Gefühle.

Und die wirklichen Opfer von Gewalt, hilft es ihnen, wenn zukünftig noch mehr der Wahrheitsgehalt ihrer Geschichte hinterfragt wird? Und die vermeintlichen Täter, die dann doch keine waren?

Scharfmacher mit stumpfsinnigen Worten. Stumpfe Messer richten meist mehr Schaden an, als scharfe! Und stumpfe Worte erst recht! Ja, Worte und Nachrichten werden zu Drohgebärden, aber die scharfen Worte lösen dann doch keine Probleme.

Im Gegenteil: Sie töten, sie machen kraftlos. Sie machen immun. Aber sie heilen nicht. Mit jeder Hysterie der Empörung steigt die Polarisierung und Dämonisierung. Die Panik macht neue Gesetze, die dann gar nicht umsetzbar sind. Das hysterische Geschrei der stumpfen Worte – der Scharfmacher führt zum Verlust des Maßvollen, der Mitte, irgendwie auch der Werte. Eine abgestumpfte Gesellschaft und Menschheit aber kann nicht gut sein.

Es ist entsetzlich, dass es heute möglich ist, Menschen, deren Meinung, Haltung und Ethik man nicht teilt, mit Worten zu diffamieren, sie als Faschisten, Vergewaltiger und Hochverräter zu brandmarken und es geht scheinbar immer noch schlimmer ….

Dass die Täter inzwischen Klarnamen verwenden – ist nur auf den ersten Blick ein Fortschritt, auf den zweiten Blick ist es alarmierend, denn sie rechnen mit der Zustimmung der Masse. Wird Cybermobbing, wird Bashing zum Mainstream im gesellschaftlichen Diskurs?

Die stumpfen Verbalentgleisungen unserer Tage, die in sozialen Netzwerken, in Talkshows und ja selbst auf Versammlungen unter Nachbarn mit leichter Hand und lockerer Zunge gestreut werden, die sind nicht scharf, die sind verletzend, zerstörend, diffamierend. Vor allem lösen sie keine Probleme, denn dazu bräuchte es Schärfe und Ehrlichkeit: Nicht alles ist einfach mal zu lösen – in der Flüchtlingsfrage und in der Integration derzeit schon gar nicht.

Die Lage ist ernst! Und das beginnt im Kleinen, das beginnt, liebe Konfis, schon da, wo ihr in euren Gruppen und Chats euch beleidigt und herablassend äußert. Es mag für wenige lustig sein, aber jene die ihr zu Opfern macht, empfinden mehr – sie empfinden nicht nur mehr Schmerz, sie sind auch potentiell zu mehr Freude fähig! Der egoistische Spaß der Mobber auf Kosten anderer aber wird am Ende nicht zur Freude für die Täter!

Das Wort Gottes aber *„ist lebendig und kräftig und schärfer als jedes zweischneidige Schwert und dringt durch, bis es scheidet Seele und Geist, auch Mark und Bein, und ist ein Richter der Gedanken und Sinne des Herzens."*

Mahnung zur Zuversicht

„Mit alles, aber ohne scharf!" – Zum Wort aus dem Hebräerbrief passt das nicht. Das Wort Gottes ist nicht einfach nur lebendig und kräftig. Das Evangelium ist nicht einfach nur eine Wohlfühloase – wie man sich es wünschen könnte. Nein, Gottes Wort ist mehr. Es ist schärfer als jedes zweischneidige Schwert und dringt durch alles hindurch – sauber, glatt und wirkungsvoll.

Der Hebräerbrief ist kein Brief mit Schongang. Nein, er ist eine erinnernde Mahnung an ein wanderndes Gottesvolk. Eine Mahnung zur Zuversicht. Eine Ermutigung zum „Wir-schaffen-das!". Dieses Wort der Kanzlerin, dass ja manchem schon als Verbalentgleisung und Gesetzesbruch gilt, liegt ganz deutlich auf der Linie dieses Briefes, wenn es da heißt: *„Denn wir haben an Christus Anteil bekommen, wenn wir die Zuversicht vom Anfang bis zum Ende festhalten."* – (Hebr 3,14)

Der Hebräerbrief erinnert uns an die Wüstengeneration Israels, an ihren Ungehorsam, ihr Murren, ihr Zweifeln am „Wir schaffen das!" Den Christen als wanderndem Gottesvolk aber ist die Zuversicht Christi eingeschrieben. Und diese Zuversicht treibt zum Hören und Tun.

Es reicht nicht aus, einfach nur das christliche Abendland zu preisen und beschützen zu wollen. Nein, wenn das Christentum nicht nur Worthülse ist und nicht stumpfes Wort, mit dem sie auf der Straße Politik machen, dann muss es ein Christentum des Handelns sein.

Und dieses Handeln ist dreierlei:

(1) Es ist Hören. Jesus hat sich den Menschen zugewendet, hat sie gehört, hat das Gespräch mit ihnen gesucht. Er hat ihr Leiden gesehen und es geheilt. Der Heilung ging die Wahrnehmung voraus.

Und das heißt für uns: Aufmerksam sein für das Leiden, für den Zweifel, für die Sorgen unserer Nachbarn. Nicht vorschnell moralisch urteilen über jene, die sich auch in unserem Stadtteil fürchten vor dem Fremden. Aber auch einmal innehalten und sagen: Auch wenn die Schlagzeilen zum Armutsbericht suggerieren, dass alles schlimmer wird: Nein! Es geht den meisten Menschen in diesem Land heute besser als noch vor 20, 30, 40 Jahren. Aber andere, die haben wirklich Not und nicht nur Neid gegenüber ein paar Menschen, die reicher als nötig sind.

(2) Es ist Neugier auf das Fremde. Jesus hat sich das Fremde vertraut gemacht. Ja, er hat die Erfahrung des Fremdseins in sich getragen. Er lehrte die Schrift und war den Schriftgelehrten und Pharisäern ein Fremder. Er war ein Flüchtling in Ägypten und blieb selbst seinen Jüngern ein geheimnisvoller Fremder. Und dennoch wendete er sich der Syrophönizerin zu und der Frau aus Samaria. Er lehrte die Feindesliebe und die Nächstenliebe.

Und für uns heißt es: Ein christliches Abendmahl gibt es nicht ohne die Option für die Fremden und die anderen, ohne die Option für die Armen und ohne die tätige Nächsten- und Feindesliebe. Progrome, Brandstifter jeder Art, Pauschalverurteilungen haben keinen Platz im christlichen Abendland. Nein, Jesus überwand die engen Grenzen seines Volkes und sein Evangelium wurde zum Evangelium auch für die Heiden und Fremden. Das Evangelium für die Völker, für Europa kam übrigens aus Syrien.

Aber auch das gehört zum biblischen Wort dazu: Die Wahrhaftigkeit. Nicht für alles gibt es einfache schnelle Lösungen. Das sollten sich die Scharfmacher bewusst machen. Der kurze, einfache Weg ist dem wandernden Gottesvolk verwehrt. Der Weg zur Ruhe und ins gelobte Land ist weit. 40 Jahre! Also keine Illusionen – , aber Vertrauen: Gott schenkt uns Zuversicht und wir werden den Weg des Miteinander finden.

(3) Es ist Netzwerken. Jesus hat sich Verbündete gesucht. Er hat sich ein Netzwerk aufgebaut. Keine Helden, einfache Menschen, Menschen mit Mut und Zweifel. Aber dieses Netzwerk der Jüngerinnen und Jünger hat er ausgesendet, um die Botschaft der Liebe und Hoffnung zu verbreiten. Mit ihnen zusammen ist er zu den Menschen gegangen, zu den Zöllnern und Sündern. Manchmal waren die Jünger durchaus zögerlich, zweifelten selbst an der moralischen Rechtmäßigkeit ihres Besuchs. Aber ist nicht der einzige Weg, denen das Heil und die Freundschaft anzubieten, die verloren zu sein scheinen.

Und für uns heißt es: Ein Netz bilden. Ein Netz, das die Sorgenvollen und Ängstlichen unterstützt. Das deutlich macht: Ihr seid nicht allein. Wir teilen nicht eure Meinung, aber wir zeigen euch, dass man durch Tun und verbale Abrüstung, durch Schritte aufeinander zu, Frieden schaffen kann. Ja, wir können uns gemeinsam engagieren und den Skeptikern und Ängstlichen, aber auch den Stumpfsinnigen zeigen: Wir schaffen das – irgendwie – und bauen am Frieden. Denn wir haben Schärfe! Die Schärfe des Christlichen kann man jeden Tag in unserem Gemeindehaus sehen. Die Freundlichkeit, Gelassenheit, die Herzlichkeit, mit denen unser Helferteam die Flüchtlinge beim Deutschkurs unterstützt hat. Sie strahlt vielfach zurück. Sie erwärmt die Herzen derer, die sich begegnen!

Das scharfe invasive Wort Christi

Das Wort Gottes aber „*ist lebendig und kräftig und schärfer als jedes zweischneidige Schwert und dringt durch, bis es scheidet Seele und Geist, auch Mark und Bein, und ist ein Richter der Gedanken und Sinne des Herzens.*"

Ein letzter Gedanke:

Jesus hat nicht nur die Liebe gepredigt. Er hat mit scharfen Worten und Antithesen schneidend und scheidend, ja quasi chirurgisch invasiv den Weg zum Herz frei gelegt. Er hat das Gericht angemahnt und zugleich die Gnade Gottes gezeigt. Das ist kein „mit alles, aber ohne scharf".

„Mit alles, aber ohne scharf!" – das mag es im Dönerladen geben, aber nicht im Leben. Das Wort Gottes aber ist das Wort des Lebens:

Es ist das Wort der Liebe,
Das Wort der Wunder.
Das Wort der Weisheit.
Das Wort vom Kreuz.

Das Wort ist scharf, es ist sogar Lamm! Jesu Ende war verstörend. Ein Opferlamm am Kreuz – Offenbarung der Schuldverstrickung des Menschen. Wir alle leben auf Kosten anderen Lebens. Das Kreuz ist Schärfe – der Schmerz, der sein muss und ohne den es das Leben nicht gibt.

Stumpfen wir nicht gegen dieses Wort ab. Erinnern wir uns lieber von Zeit zu Zeit an den Schmerz des Lebens. Es ist nicht nur unser Schmerz, es ist auch der Schmerz der Mitmenschen. Vielleicht ist dieser Schmerz der Schärfe auch die Quelle der Liebe und des Mitgefühls, der Keim der Hoffnung und der Mut zum „Wir schaffen das!" Am Kreuz ist die Schuld gegenwärtig und überwunden zugleich.

Das wandernde Wüstenvolk macht nicht nur schmerzliche Erfahrungen. Es erlebt auch die volle Güte des Lebens: Manna und Wachteln, so viel du brauchst. Es hört die Verheißung von Milch und Honig und es ist befreit von der Knechtschaft. Das ist doch was. Das wandernde Gottesvolk ist frei – mit Schmerz und Liebe und einem Gott an seiner Seite, der selbst am äußersten Meer noch seine Hand über dich hält und sagt: Fürchte dich nicht. Ich werde sein, der ich sein werde – ganz gewiss: Mit allem, was Leben ist.

Entfremdet und geliebt[17]

Verklärtes Land

Einst sprach Gott über die Welt:
Und siehe, es war sehr gut.

Heute aber
scheint Gott zu schweigen.

Einst war das Land unser Väter,
geteilt in viele kleine Fetzen,
Fürsten, Könige, Herzöge regierten
es mit Waffengewalt.

Heute aber
ist dieses Land geeint.

Einst war das Land unserer Väter
ein Land voller Rassisten,
die einem Größenwahnsinnigen zujubelten,
der morden ließ.
Einst war das Land unserer Väter
ein Land der Täter und Opfer.

Heute aber
wohnen friedlich miteinander

---

[17] Predigt am 3. Sonntag nach Trinitatis, 12.06.2016, in der Friedenskirche Handschuhsheim zu 1. Tim. 1,12-17.

Christen, Juden, Moslems,
Schwarze und Weiße.

Einst war das Land unserer Väter
ein Land, wo Frauen die Trümmer wegschafften,
und sonst wenig zu sagen hatten.

Heute aber,
regiert eine Frau,
gibt es evangelische Pfarrerinnen
und darf die Frau selbst bestimmen, wer sie sein will.

Einst standen elf Freunde bei der Nationalhymne
schweigend auf dem Platz,
sie trugen Namen wie Breitner, Beckenbauer, Müller,
Schwarzenbeck.

Heute stehen elf Freunde auf dem Platz,
sie tragen Namen wie Sané, Podolski, Can, Özil
und sie erfreuen Kinder, Frauen und Männer
und singen „Blüh im Glanze dieses Glückes".

Einst gab es im Land unserer Väter
klare Autoritäten,
die züchtigten auch schon mal mit knallender Hand,
und alles war so schön
einfach, schwarz-weiß-grau,
da wollte man nichts integrieren.

Heute aber
ist das Land unserer Väter,
ein buntes Land der Freiheit,

es heißt Fremde willkommen,
und nimmt sie auf.
Es stellt die Würde des Menschen über alles,
selbst über die unwürdigsten Taten.
Es ist ein Land der Geduld,
ein Land, in dem ein bußfertiges Volk lebt,
dass aus der Erinnerung an einst,
die Zukunft neu und frei gestaltet.

„Nie waren wir schlechter, als da wir die Besten waren!" (M. Luther)

Immer wieder beschwören Menschen die Vergangenheit. Als Mahnung, als Sehnsucht, als Regulativ. Das Einst ist der Gegenpol zum Ist-Zustand und es ist ein willkommenes Argument, um Menschen zu diskreditieren.

So holt man in Bayern anlässlich der Auszeichnung von Joschka Fischer mit der Europamedaille mal eben wieder „den Steinewerfer der Republik" hervor und empört sich: Den kann man doch nicht auszeichnen.

Da ereilen uns Abend für Abend Affären und Skandälchen über Bobbycars, Liebschaften und gesagte Sätze. Das Medienzeitalter vergisst nichts mehr. Und schnell fordert man überfällige Rücktritte.

Da wird das Einst verklärt als die Zeit des Ursprungs, wo alles noch gut war und es wird die Geschichte des Verfalls erzählt: die Werte dahin, das Volk bunt, der Nachbar Buddhist und die Kirchen leer, weil die alle nicht mehr predigen können und nicht mehr zu den Menschen sprechen und sich dem Zeitgeist anpassen.

Und mitten hinein in diese Stimmenvielfalt und die Sehnsucht nach dem schönen Gestern und dem wiederaufblühenden Morgen, spricht uns ein Paulus an, der sich quasi selbst zum Gegenstand der Predigt macht.

Ich danke dem, der mich ermächtigt hat, Christus Jesus, unserem Herrn, dafür, dass er mir sein Vertrauen geschenkt und mich in seinen Dienst gestellt hat, mich, der ich zuvor ein Gotteslästerer war und andere verfolgte und misshandelte. Doch ich habe Erbarmen gefunden, weil mir, da ich noch im Unglauben war, nicht bewusst war, was ich tat.

1 Tim 1,12-13

Wer heute versucht zu überzeugen, der versucht sich eine schöne, makellose Biographie zu geben oder zumindest alles, was dagegen spricht, zu legitimieren. Dann wird der Makel beschönigt, der Fehltritt war eine Falle. Das Zitat war nicht bekannt, aber doch ein schöner, einleuchtender Satz.

Paulus ist anders – klar und direkt: „Ich war Gotteslästerer! Ich habe andere verfolgt! Ich habe andere misshandelt! Ich war in der Sünde."

Paulus beschwichtigt nicht: Keine Entschuldigung, keine Erklärung. Nein, an anderer Stelle spricht er von seinem Eifer. Ja, er betont, dass er kein Mitläufer war, keiner der nur anderen blind und dumm die Worte geraubt hat, sondern einer, der aus Überzeugung gehandelt hat.

Das alles wäre ja schon besonders, wenn es Paulus selbst wäre, der hier schreibt. Und doch, nach der Mehrheit der Bibelwissenschaftler stammen die Timotheusbriefe nicht vom Apostel Paulus, sondern sie sind erst zwei Generationen nach ihm geschrieben worden. Paulus und seine Geschichte werden als Beispiel der Gemeinde vorgestellt. Keine Heiligenvita wird hier geschrieben. Keine Geschichte eines Helden. Nein, zu allererst wird das Sündersein des Paulus betont. Ganz so, wie es Paulus in seinen eigenen Briefen unverfälscht auch getan hat.

Warum ist das so bedeutsam? – Wer sein Vorbild nicht vergöttlicht, nicht einfach heiligspricht im Sinne von makellos, der verklärt das Einst nicht als das Perfekte. Der Charme der Bibel liegt darin, dass keine Erzählfigur vollkommen und ohne Sünde dargestellt ist – nicht einmal Mose, Elia oder Jesus. Letzterer verleugnete Mutter und Geschwister und empfing die Taufe zur Vergebung der Sünde. Und auch keine Zeit wird einfach als die Zeit des perfekten Handelns und Kultus darstellt.

Paulus war kein Verbrecher – auch das verlorene Schaf nicht. Paulus wollte ja eigentlich 150-prozentig Gott gerecht werden. Er ist an seiner eigenen Perfektion der Suche nach Gott gescheitert. Oder um ein schönes Wort Luthers zu dieser Stelle zu sagen: „Nie waren wir schlechter, als da wir die Besten waren."

Gott liebt die Verlorenen und Fremden

Paulus war Gott verloren, er war voller Eifer, aber ohne Vertrauen. Er hatte sich in Unwissenheit und Unglauben verirrt. Sein Verlorensein bestand darin, dass er eben nicht mehr bei dem war, was Gottes Wille, was Gottes Heilsplan entsprach. Er verfolgte das ihm Fremde und Unbekannte und hat sich damit aus der Nähe Gottes entfernt. Er war wie ein verlorenes Schäfchen. Er suchte Gott und lief doch ständig vor ihm weg.

Aber Gott gibt das Verlorene nicht auf. Gott gab Mose, Elia, Jesus und Paulus nicht auf. In der Verlorenheit ging er ihnen nach, in der Verlorenheit hat er sie aufgesucht und sie neu gemacht.

„Überreich aber zeigte sich die Gnade unseres Herrn und mit ihr Glaube und Liebe in Christus Jesus. Zuverlässig ist das Wort und würdig, vorbehaltlos angenommen zu werden: Christus Jesus ist in die Welt gekommen, um Sünder zu retten - unter ihnen bin ich der erste.“ (1Tim 1,14-15), schreibt der fiktive Paulus des Timotheusbriefes gegen all die Wege der Vervollkommnung. Der Weg des immer besser, des immer reiner, des immer schöner sein Wollens und all der Versuche, dies durch Optimierung der Biographie, durch ständiges Posten neuer Fotos auf Facebook und Instagram zu beweisen, führt nicht zum Ziel und er ist auch nicht das Ziel.

Unsere Sehnsucht nach Gott, die Sehnsucht, gefunden und geliebt, anerkannt und gebraucht zu werden, stillen wir nicht durch Flucht aus dem Hier und Jetzt. Nein, du musst dich nicht verstellen, du musst dich nicht woanders suchen, als allein da, wo du bist. Denn nur in deiner Verlorenheit findet dich der, der das Verlorene liebt. Er liebt nämlich das Verlorene, aber nicht das Verlorensein, denn davon will er dich befreien.

Überreich zeigt sich die Gnade Gottes und der Glaube und die Liebe in Christus Jesus. Überreich, weil er dich von aller Last der Perfektion befreit und auch von all der Angst und Sehnsucht nach dir selbst. Gott liebt die Hebräer, er liebt die Fremden! Gott liebt dich! Gott liebt dich und befreit dich von dem Eifer, dass du dir deinen Ort, deine Heimat, dein Volk selbst bewahren und schaffen musst. Gott befreit dich von der Not, dich selbst aus der Fremde zu befreien.

Der Ort, an dem du Liebe erfährst, ist da, wo du bist. Versöhnung und Vergebung beginnen dort, wo wir befähigt werden, uns selbst zu lieben. *„Doch eben darum habe ich Erbarmen gefunden: An mir als Erstem sollte Christus Jesus die ganze Fülle seiner Geduld zeigen, beispielhaft für alle, die künftig an ihn glauben und so ewiges Leben finden."* (1 Tim 1,16-17)

Viele Menschen scheinen sich heute verloren und fremd zu fühlen. Manche beklagen, dass das Land verloren geht, weil es Menschen in Not aufgenommen hat. Manche beklagen, dass sie in dieser Zeit der ständigen Veränderungen nicht mehr mitkommen. Manche fühlen sich in der Kirche verloren und fremd, weil Räume renoviert, Riten angepasst werden und die Verantwortung von einer Generation auf die nächste übergeht. Manche fühlen sich abgeschnitten, wenn Körper und Geist nicht mehr so wollen, wenn das Gehör schwächer wird und die Glieder schwerer. Es gibt viele Möglichkeiten, sich als verloren und fremd zu erfahren. Aber was ist die Antwort, was ist die Hilfe? Was befreit die Verlorenen?

Wenn wir uns an die Gnade, an die Liebe, an die Barmherzigkeit, an die Geduld Jesu Christi erinnern, dann befreit gewiss nicht die Feststellung: „Du bist verloren und fremd!" Die Plattitüden der Populisten, die nur die Situation der Leute beschreiben, ohne eine Vision der Zukunft zu entwickeln, ohne eine Verheißung zuzusprechen, die sind nichts wert. Der Verlorene weiß allenfalls, er ist verloren. Es ist alles schlimm. Da hockt es nun, das verlorene Schaf, inmitten einer Welt, die es nicht versteht.

Gott liebt die Hebräer, er liebt die Fremden! Gott liebt dich! Gott befreit dich von der Not, dich selbst aus der Fremde zu befreien.

Nein, denken und handeln wir von der Gnade und Liebe her. Gehen wir auf das Verlorene zu. Lassen wir den Verlorenen zu einem Paulus werden, holen wir ihn zurück in die Gemeinschaft, zeigen wir ihm: Wir haben dich gefunden. Wir freuen uns an dir. Das Leben ist nicht so traurig, nicht so grau, wie du denkst. Hör hin: Gott liebt dich! Sieh hin, Menschen grüßen dich. Erlebe die schönen Gottesdienste! Staune über den Frieden und die Vielfalt in unserem Land. Sei ein Teil davon. Wir brauchen dich! Wir brauchen die von Gott Geliebten – ohne Ansehen der Religion.

Der verstummte Nörgler

Einst war das Land voller Nörgler!
Alles war schlimm!
Die Tradition verraten!
Der Lärm so laut!
Der Döner so fremd und fettig!
Die Gärten verbaut!

Einst wollten sie einfach nur zurück!
So einsam und fremd und verloren!
Das war nicht mehr ihre Welt,
nicht mehr ihr Land,
nicht mehr ihre Kirche!

Doch einer fing an
und erzählte von Gottes Wort in Christus Jesus,
das die Völker versöhnte,
die Grenzen überwand,
und aus Barbaren Brüder und Schwestern werden ließ
und die Fremde wurde zur Heimat.

So wurde *eine* Welt
voller Liebe,
nur im Keim vielleicht,
aber der Keim der sprießt.
Und Menschen begegnen sich,
hören,
sehen,
riechen.

Jetzt ist der Nörgler stumm,
gefunden,
eingeladen
zum Fest des Glaubens.
Und er hört die alte Geschichten
von Versöhnung,
von Hoffnung
und Liebe.

Eine neue Welt.
Eine lebendige Kirche.
Und er wurde gefunden,
gehört dazu,
freut sich an Sané, Can, Özil, Khedira, Boateng.
Kein Problem!

Vielleicht nur Utopie,
aber träumen und glauben sind doch wohl noch erlaubt.

Fangen wir an!
Lassen wir uns finden!

Prophetische Rede als Hoffnung[18]

Im fünfzehnten Jahr der Herrschaft des Kaisers Tiberius, als Pontius Pilatus Statthalter in Judäa war und Herodes Landesfürst von Galiläa und sein Bruder Philippus Landesfürst von Ituräa und der Landschaft Trachonitis und Lysanias Landesfürst von Abilene, als Hannas und Kaiphas Hohepriester waren, da geschah das Wort Gottes zu Johannes, dem Sohn des Zacharias, in der Wüste.

Und er kam in die ganze Gegend um den Jordan und predigte die Taufe der Buße zur Vergebung der Sünden, wie geschrieben steht im Buch der Worte des Propheten Jesaja (Jes 40,3-5): »Es ist eine Stimme eines Predigers in der Wüste: Bereitet den Weg des Herrn, macht seine Steige eben! Alle Täler sollen erhöht werden, und alle Berge und Hügel sollen erniedrigt werden; und was krumm ist, soll gerade werden, und was uneben ist, soll ebener Weg werden, und alles Fleisch wird das Heil Gottes sehen.«

Da sprach Johannes zu der Menge, die hinausging, um sich von ihm taufen zu lassen: Ihr Otterngezücht, wer hat euch gewiss gemacht, dass ihr dem künftigen Zorn entrinnen werdet? Seht zu, bringt rechtschaffene Früchte der Buße; und nehmt euch nicht vor zu sagen: Wir haben Abraham zum Vater. Denn ich sage euch: Gott kann dem Abraham aus diesen Steinen Kinder erwecken. Es ist schon die Axt den Bäumen an die Wurzel gelegt; jeder Baum, der nicht gute Frucht bringt, wird abgehauen und ins Feuer geworfen.

Und die Menge fragte ihn und sprach: Was sollen wir nun tun?

---

[18] Predigt am 3. Advent, 11.12.2016, in der Friedenskirche Handschuhsheim zu Lk 3,1-14.

Er antwortete aber und sprach zu ihnen: Wer zwei Hemden hat, der gebe dem, der keines hat; und wer Speise hat, tue ebenso. Es kamen aber auch Zöllner, um sich taufen zu lassen, und sprachen zu ihm: Meister, was sollen denn wir tun? Er sprach zu ihnen: Fordert nicht mehr, als euch vorgeschrieben ist! Da fragten ihn auch Soldaten und sprachen: Was sollen denn wir tun? Und er sprach zu ihnen: Tut niemandem Gewalt noch Unrecht und lasst euch genügen an eurem Sold!

Lk 3,1-14

Da steht er nun mitten in der Wüste und ruft dem Volk entgegen: „Ihr Otterngezücht". Der Prophet Johannes spricht Klartext. Er weiß genau, so kann es nicht weitergehen. Das Gericht steht ins Haus. Die Axt ist schon an den Baum gelegt. Aber noch ist Zeit für Umkehr, noch ist Zeit zur Buße.

So steht er da, dem erschrockenen, verängstigten, dem von Rom und König unterdrückten verwirrten und ethisch verirrten Volk kündet er vom Gericht und Untergang. Und zugleich ist er Zeuge größter Heilserwartung: *„Es ist eine Stimme eines Predigers in der Wüste: Bereitet den Weg des Herrn, macht seine Steige eben! Alle Täler sollen erhöht werden, und alle Berge und Hügel sollen erniedrigt werden; und was krumm ist, soll gerade werden, und was uneben ist, soll ebener Weg werden, und alle Menschen werden das Heil Gottes sehen."* (*Jes 40,3-5 nach Lk 3,4-6*)

Der Predigttext heute Morgen verdeutlicht die ganze Zweideutigkeit des Advents Gottes. Der Advent ist Zeit der Buße und Zeit der Erwartung. Wir leben das selbst immer wieder, wenn wir uns adventliche Besinnlichkeit verschreiben, um in allerlei Sinngeschichten und Adventsgeschichten unser Leben zu bedenken und wir doch zugleich erwartungsvoll ständig in Bewegung sind, um dem Herrn den Weg zu bereiten, dass er bei seinem Kommen allen Menschen das Herz erwärmt.

Das Volk, das im Finstern wandelt

Und dieser Text ist hochaktuell! Zur Umkehr wird in unserem Land auch ständig gerufen. Die Regierung soll umkehren, weg von einer Willkommenskultur zu mehr Abschiebungen. Die Flüchtlingshelfer sollen umkehren von ihrem Gutmenschentum, ja zu was eigentlich – zum Schlechtmenschentum? Die Flüchtlinge sollen am besten auch umkehren – von ihrem Traum und ihrer Hoffnung auf ein besseres und sicheres Leben – ja wohin eigentlich – zurück in die Hölle Syriens, Afghanistans, Gambias, Eritreas?

Und das Unheil wird auch ständig herbei gebrüllt. Nein, nicht das Gericht wird angesagt, sondern der Untergang. Nicht die Axt angelegt an die unfruchtbaren Zweige, sondern an jene, die Frucht bringen. Im Unterschied zum Propheten Johannes wird dabei kein Heil für alle Menschen mehr erwartet, erhofft und ersehnt, sondern nur mehr das Heil für ein kleines Volk, dem glauben gemacht wird, dass ihm das Land gehört.

Der Prophet Johannes kennt die Not seines Volkes. Er predigt in der Wüste. Er ruft zur Buße, zur Umkehr. Buße heißt innehalten. Einmal genau hinsehen. Und dann einen anderen Weg einschlagen. Johannes hat erkannt: Das Volk muss umkehren, sonst läuft es ins Verderben. Im Lukasevangelium hat Johannes der Täufer eine besondere prophetische Funktion. Er bereitet dem Kommen Christi den Weg. Und diese Wegbereitung ist eine zutiefst ethische Wegbereitung. Es reicht nicht, einfach ein wenig besinnlich zu sein, ein wenig Weihnachtslieder zu singen.

Nein, zur Wegbereitung des Advents gehört eine ethische Wegbereitung: *„Wer zwei Hemden hat, der gebe dem, der keines hat, und wer Speise hat ebenso."* Zöllner sollen nicht *mehr* nehmen, als ihnen zu nehmen vorgeschrieben ist. Soldaten sollen niemandem Gewalt noch Unrecht tun.

Johannes der Täufer mahnt mitten im Advent zur Umkehr. Und dieser Umkehrruf scheint heute nötiger denn je: Wohin treibt unser Volk?

Da beschließt eine „christliche" Regierungspartei, die sich gern als die Partei in der Mitte der Gesellschaft betrachtet, dass unser Grundgesetz geändert werden soll: „Die Sprache der Bundesrepublik Deutschland ist deutsch!"[19] So soll es künftig in Art. 22 des Grundgesetzes heißen. Das ist nur auf den ersten Blick banal (dort in dem Artikel wird festgelegt, dass Berlin Hauptstadt ist und die Flagge schwarz-rot-gold). Künftig gibt es in diesem Land *eine* Sprache – wahrscheinlich stärkt das die kulturelle Einfalt in diesem Land: Friesen, Sorben, Dänen, Pfälzer, Kölner, Plattdeutsche, Schwaben, Badenser, Türken, Franzosen und vor allem Sachsen und Bayern: Entweder ihr lernt ordentlich deutsch oder tschüss!

Dieselbe Partei ist dann einfältig konsequent und ist „für die Abschaffung der Befreiung von der Optionspflicht für in Deutschland geborene Kinder von ausländischen Eltern."[20] Was übersetzt nichts anderes heißt: keine doppelte Staatsangehörigkeit für Türken! Ein

---

[19] https://www.cdu.de/artikel/ausgewaehlte-beschluesse-des-parteitages abgerufen am 9.12.2016.

[20] https://www.cdu.de/artikel/ausgewaehlte-beschluesse-des-parteitages abgerufen am 9.12.2016.

Narr, wer da Diskriminierung schreit! Da schwappen die rechten Wellen schon in die Mitte der Gesellschaft.

Und diese Beschlüsse in einer Woche, wo die Populisten die Bundesregierung verantwortlich machen wollen für einen perfiden Mord an einer jungen Frau, weil dieser – was die grausame Tat nicht grausamer macht – von einem 17jährigen Afghanen begangen wurde. Und gleich wird diskutiert, wie hoch die Kriminalitätsrate bei Ausländern und Flüchtlingen ist. Ja, man muss mehr abschieben – am besten alle deutschen Brandstifter inklusive der geistigen Brandstifter mit, dann ist die Welt wieder in Ordnung. Und wenn dann ein Fußballtrainer es wagt – jenseits seiner Profession, aber seiner gesellschaftlichen Resonanz entsprechend – zu sagen, dass ihm die Entwicklung dieser populistischen Instrumentalisierung Angst macht und wir aufwachen müssen,[21] dann erntet er – von wenigen Beifall – aber viele Hasskommentare auf Facebook (und anderswo) unter Klarnamen, und die sind ganz und gar nicht geeignet für das Reich Gottes.

Das Reich Gottes beginnt mit einer neuen Menschlichkeit

Der Bußruf des Propheten Johannes legt die Axt an die populistischen Zweige des Baumes, die bringen nämlich keine Frucht der Liebe, sondern nur des Hasses. Sie nehmen auch keine Angst, sondern verstärken diese noch. Die sind nicht im Sinne des Gesetzes und nicht für das Reich Gottes gemacht. Das Volk muss in seiner

---

[21] Vgl. https://www.youtube.com/watch?v=P-5OROjOB-c, abgerufen am 5.4.2018

Mitte umkehren, so ruft es Johannes in der Wüste. Es ist noch nicht zu spät für die Menschlichkeit.

Aber wer ist das Volk? Wer ist da angesprochen? Man kann es sich ja leicht machen, wenn so ein ganzes Volk Buße tun soll. Mich geht das dann nicht an. Es ist doch wie in der Schule oder im Konfirmandenunterricht: Da ruft die Lehrerin oder der Pfarrer zur Ruhe, aber nichts geschieht. Jeder und jede scheint zu denken: „Ich bin nicht gemeint!" Wenn es der Lehrer und die Pfarrerin dann aber namentlich versuchen, heißt es: „Wieso ich jetzt, der Max redet doch auch? Immer ich!" Nein, auf diese Adam-Eva-Schlange-Strategie fiel Gott schon im Paradies nicht herein – da wurden sie alle hinausgeworfen.

Johannes ruft das Volk zur Umkehr, aber es ist der Einzelne, der umkehrt. Johannes tauft jeden individuell zur Vergebung der Sünden. Gewiss, es kommt die Volksmenge in die Wüste, aber das Volk ist die Summe der Einzelnen. Und so kommt heute auch ihr – zehn Konfirmanden und Konfirmandinnen – zur Taufe und werdet doch als Individuen getauft.

Ob sich im Volk etwas ändert, ob die Not besiegt wird und das Blatt der Geschichte gewendet wird, liegt nicht an denen da oben, liegt nicht an einer Gruppe, sondern liegt an dir und mir, an jedem und jeder einzelnen, der und die umkehrt.

Denn in der Finsternis des Populismus dieser Tage, gibt es ja auch die adventlichen Hoffnungszeichen. Und die gibt es auch in unserer Stadt. Als in dieser Woche im Rathaus der Heidelberger Präventionspreis verliehen wurde, da waren es vor allem Initiativen, in denen sich viele junge Menschen versammelt haben. Es waren eigentlich keine großen Dinge, sondern kleine Initiativen gelebter Nachbarschaft und neugieriger Begegnung mit dem fremden und dem neuen Mitmenschen, Initiativen, die Flüchtlinge integrieren und partizipieren lassen wollen. Die ausgezeichneten Initiativen einte, dass sie nicht global dachten und sich keinen großen Utopien hingaben, sondern sie haben einfach vor Ort angefangen, die Welt besser zu machen, Menschen als Menschen wahrzunehmen und sich selbst als Menschen wahrnehmen zu lassen über alle kulturellen und sprachlichen Barrieren hinweg. *Das Reich Gottes beginnt mit einer neuen Menschlichkeit!*

Dann stehen Mensch und Mensch zusammen …

Wenn wir euch, Ann-Sophie, Maja, Stella, Philine, Amelie, Tony, Rafael, Nils, Jonas und Paul gleich zur Taufe begleiten, dann tun wir das im Glauben und in der Erwartung des Johannes, dass die Taufe ein Wendepunkt, ein Anfangspunkt ist. Gewiss, Umkehr ist nicht leicht, und der Weg zur Taufe ist auch kein gerader. Das Leben ist eben nicht einfach so eine Wohlfühloase, in der alles direkt geht. Nein, es gibt Irrtümer, Wendungen, Umwege, aber das Ziel bleibt: Menschenfreundlichkeit, Kindschaft Gottes, Friede auf Erden, Segen, Ewiges Leben, Glück. Wir werden nachher gleichnishaft den Weg durch das Labyrinth zur Taufe gehen, langsam und doch in der Gewissheit, dass wir auf dem richtigen Weg sind. Vielleicht ist es so ähnlich wie der Weg des Volkes durch die Wüste, das gelobte Land war da auch nah, die Vision des friedlichen Miteinander auch und doch kreiste das Volk Jahrzehnte lang umher, ehe es durch den Jordan schritt.

Am Jordan aber steht Johannes der Täufer. Er tauft individuell und schickt den einzelnen aus der Wüste zurück ins Leben zu den Menschen. Auch das werden wir tun. Aber auch der Weg aus der Taufe heraus, die ersten Schritte als Kinder Gottes, als Glieder Christi, sind nicht gerade. Christen sind fragende, suchende, sie haben eine Ahnung vom richtigen Weg und wissen doch, dass der Weg zum Leben schmal und eng, manchmal auch kurvenreich ist. Was aber hilft in den Wendungen des Lebens – wenn Hass, Tod, Not, Krankheit, Zweifel an dir nagen? – Es ist die Erinnerung an die Taufe – die Zusage Gottes, mit dir auf dem Weg zu sein. Darum führen dich die vielen Wendungen des Lebens immer wieder nah heran an die Taufe – so wie der Weg im Labyrinth nach deiner Taufe.

Der Prophet Johannes ist ein erwartungsvoller und hoffnungsvoller Prophet. Er tauft in der Erwartung, dass die Menschen neu werden können, dass es noch nicht zu spät ist, dass die getauften die alte Menschenfreundlichkeit Gottes in die Welt tragen und dem kommenden Herrn den Weg bereiten. Unsere Tauffeier heute ist ein Zeichen dieser Hoffnung, wir können anfangen – jeder einzelne von uns hier kann anfangen – mehr Menschlichkeit zu wagen, nicht zu schweigen, sondern gegen den Hass die Liebe zum Klingen zu bringen, uns nicht zu verstecken, sondern uns zu zeigen – auch als die, die wir sein wollen.

Ann-Sophie, Maja, Stella, Philine, Amelie, Tony, Rafael, Nils, Jonas und Paul erhalten am Ausgang des Labyrinths ihre Taufkerze und sie werden diese durch die Reihen tragen – das Licht der Taufe wird auf euch abstrahlen und die Jugend wird zur Hoffnung auch für die Alten. Es ist nicht noch nicht zu spät, fangen wir an und bereiten dem Herrn der Liebe den Weg zu den Menschen.

Dann wird das Volk, das im Finstern wandelt, ein Licht sehen. „Die Liebe geht nicht mehr verloren. Das Unrecht stürzt im vollen Lauf. Der Tod ist tot. Das Volk jauchzt und ruft ‚Uns ist ein Kind geboren!‘ … Dann stehen Mensch und Mensch zusammen vor eines Herren Angesicht und alle, alle schaun ins Licht, und er kennt jeden mit Namen." (EG 20,4.8).

Es könnte so einfach sein[22]

Es könnte so einfach sein ... Brüder und Schwester - geeint im Glauben, gemeinsam im Segensraum der Liebe, Teil der weltweiten Kirche, die für Frieden, Gerechtigkeit und Bewahrung der Schöpfung eintritt.

Es könnte so einfach sein ... is es aber nicht!

Es könnte so einfach sein ... im Alltag der Familie. Zwei, drei Kinder - Spielgefährten, Freunde sollen sie einander sein. Und immer wieder: Geplärr, Geschrei. Es tönen die Beschimpfungen. Es fliegen die Spielsachen hin und her. Geschwisterliebe ...

Es könnte so einfach sein ... is es aber nicht.

Es könnte so einfach sein ... das schöne Familienfest, nett beisammen im Garten bei Sonnenschein, aber: Deine Verwandten kannst du dir nicht aussuchen. Und so freust du dich insgeheim, wenn der Garten wieder dir allein gehört und die guten Ratschläge wieder verstummen.

Es könnte so einfach sein ... is es aber nicht.

Es könnte so einfach sein in der Gemeinde in Rom und auch in Korinth. Sie hören von der Freiheit in Christus, die befreiende Botschaft vom Glauben, von der Rechtfertigung. Aber wie nun leben?

---

[22] Predigt am 4. Sonntag nach Trinitatis, 19.6.2016, in der Friedenskirche Handschuhsheim zu Röm 14,10-13.

103

Fleisch essen oder Vegetarier sein? Hetero oder Homo? Da gehen sie aufeinander los, die Schwachen und die Starken, die Bibeltreuen und die Liberalen, die Gesetzestreuen und die Freiheitsliebenden.

Es könnte so einfach sein ... miteinander ... is es aber nicht.

Und der Apostel Paulus schreibt im Brief an die Römer im 14. Kapitel: *Du aber, was richtest du deinen Bruder? Und du, was verachtest du deinen Bruder? Wir werden alle vor den Richterstuhl Gottes treten müssen. Denn es steht geschrieben: So wahr ich lebe, spricht der Herr, mir wird sich beugen jedes Knie, und jede Zunge wird sich zu Gott bekennen. Es wird also jeder von uns für sich selbst Rechenschaft ablegen müssen vor Gott. Wir wollen einander also nicht mehr richten! Achtet vielmehr darauf, dem Bruder keinen Anstoß zu geben und ihn nicht zu verführen (Röm 14,10-13)!*

„Es könnte so einfach sein ... is es aber nicht," so singen die Fantastischen Vier. Schon Paulus hat in der ersten Generation christlicher Gemeinde mit den erbitterten Kämpfen der innergemeindlichen Positionen zu kämpfen. Da sind auf der einen Seite jene, die aus dem Glauben an Christus sich befreit haben vom Gesetzesgehorsam. Sie essen liberal alle Sorten von Fleisch, ohne auf die rituelle Reinheit zu achten. Das ist im Kontext römisch-griechischer Städte wie Rom und Korinth zusätzlich auch bequem. Und es gibt jene, die den Christusglauben mit dem Gesetzesgehorsam verbinden, jene, die ob der neuen Verkündigung, das Bewährte nicht verlassen wollen. Paulus kämpft in seinen Briefen an die Korinther, Römer und Galater immer wieder gegen diese drohenden Spaltungen und kritisiert mit eigener Schärfe die entstandenen Grabenkämpfe.

Er fordert Rücksichtnahme der Starken auf die Schwachen. Wenn du es aus deinem Glauben heraus für irrelevant hältst, schreibt er den Liberalen, dann verzichte auf den Anstoß gegenüber den Schwachen! Nimm dich aus Glauben und Freiheit zurück!

Das oberste Ziel Jesu Christi ist nämlich nicht, die Durchsetzung einer Lehre, eines Dogmas, einer bestimmten Art zu leben, sondern der Frieden und das rücksichtsvolle Miteinander in der Gemeinde. Da darf gerungen und gestritten werden, aber eben nicht geurteilt und verurteilt werden. Modern gesprochen: Es geht um Wertschätzung und Achtung des Gegenübers auch bei anderer Meinung in der Sache und eben nicht um Verurteilung.

Wenn ich über diese Worte des Apostels Paulus nachdenke, dann schaue ich auf unsere christliche Diskussionskultur. Und denke: Ja, es ist gut, sich immer wieder diesen Text vor Augen zu führen. In unseren Gemeinden, Synoden, Kirchen geht es mitunter merkwürdig zu. Gerade dort, wo das Miteinander in der Liebe besonders gepredigt wird, staunen Beobachter immer wieder um die erboste Streit- und Konfliktkultur. Mit Verbitterung wird erbittert für den eigenen Standpunkt gekämpft. Gegenpositionen mit Schlagworten wie „arrogant", „überheblich", „intransparent", „Gehirnwäsche" und anderen Urteilssprüchen belegt.

Ja, und auch innergemeindlich ist man nicht zimperlich: Es scheint in unserer Kirche einen stillschweigenden Konsens darüber zu geben, wer die Guten und die Schlechten sind. Einfachheit schafft Orientierung. Wie schön, dass es dann in unserer Kirche auch noch große Studien über die Kirchenmitglieder gibt. Da bekommt man quasi auch noch eine empirische Selbstbestätigung. Ja, so gibt es die Guten – die Engagierten, die Hochverbundenen, die Sonntag für

Sonntag in den Gottesdienst gehen. Die sind beliebt und die muss man bei der Stange halten.

Und dann gibt es die Indifferenten, die offensichtlich gar nicht mehr religiös kommunizieren. Sie zahlen zwar Kirchensteuer und finanzieren beinahe alles, aber wenn die dann mal in den Gottesdienst kommen. Nun ja: kennen die Liturgie nicht, finden den Platz nicht, sitzen plötzlich auf meinem Platz. Wenn die beim Pfarrer anrufen, dann haben die auch immer so merkwürdige Extrawünsche und hören erst einmal den Satz: „Ne, das geht nicht!" Und die Konfirmanden und Konfirmandinnen sind dann Gäste, machen das ja eh aus niederen Gründen. Und wenn überhaupt kommen sie dann zu Weihnachten in die Kirche – und da werden sie dann auch noch kritisch beäugt als Weihnachtschristen.

„Du aber, was richtest du deinen Bruder? Und du, was verachtest du deinen Bruder? Wir werden alle vor den Richterstuhl Gottes treten müssen." (Röm 14,10)

Christen tappen immer wieder in diese Falle, sich zum Richter aufzuschwingen – an Gottes statt. Wir sind aber nicht einander Richter. Und die verfasste Kirche oder gar das Kirchenrecht ist nicht die Hüterin der Wahrheit. Wir sind Brüder und Schwestern. Brüder und Schwestern sind nicht immer harmonisch, das erfahren Mütter und Väter tagtäglich. Unter ihnen gibt es Streit, Missgunst, Überzeugungen, Neid. Und doch wissen Mütter und Väter auch: Brüder und Schwestern sind miteinander verbunden durch ein Band der Liebe, durch eine besondere Verbindung, die eben nur Geschwister miteinander teilen.

Wir werden alle vor den Richterstuhl Gottes treten müssen. Nicht die Kerngemeinde in der Kirche ist das Maß aller Dinge. Nicht die Pfarrer, Ältestenkreise, Gemeindeversammlungen oder die Sonntagschristen. Paulus ruft zur Demut auf und zum Machtverzicht. Verzichtet auf das Machtgehabe und Richtersein. Erzählt euch, wenn ihr wollt, von eurem Glauben und wenn nicht, lasst es bleiben. Freut euch am Miteinander, achtet und grüßt euch, stärkt euch durch Wertschätzung und nicht durch Maßregelungen.

Es könnte so einfach sein ... is es aber nicht. Ich weiß es! Und ich merke es an mir selbst immer wieder! Richte nicht auch ich, beurteile, kategorisiere, bewerte? Aber wie gut ist doch, dass wir dann immer wieder Taufe feiern. In der Taufe dürfen wir uns selbst wahrnehmen als jene, die Gott unbedingt angenommen hat, die Gott barmherzig begleitet im Leben, nicht mit Gleichgültigkeit, aber mit Liebe, nicht ohne Anspruch, aber mit Wertschätzung: Ja, dich habe ich bei deinem Namen gerufen, spricht Gott.

In der Taufe werden wir uns als Schwestern und Brüder gewiss. Das ist ein Grund zur übergroßen Freude, ganz egal, wie wir unser Christsein und Christwerden leben. Im Angesicht Gottes sind wir aufgenommen in eine Gemeinschaft, die uns Freiheit lässt: Wir dürfen mitgestalten, wir dürfen feiern, singen, springen. Wir dürfen aber auch einfach nur beobachten. Wir dürfen uns in unserer Kirche zuhause fühlen wie in einer Familie und enge Beziehungen eingehen. Wir dürfen aber auch die Kirche nutzen bei Gelegenheit, wenn wir uns besonders freuen oder wenn wir in der Not Hilfe brauchen. Gottes Ja befreit vom Zwang, ständig den eigenen Platz im Leben und in der Welt behaupten zu müssen und sich in einem Netz zu verfangen. Nein, das Netz soll tragen und auffangen. Es soll dich aber nicht durchleuchten und vereinnahmen.

Vielleicht wird bei keiner anderen Handlung in der Kirche so deutlich, was Gemeinde sein heute heißt. Eltern, Paten und Gemeinde bekennen sich zur Taufverantwortung und das heißt: Wir wollen und sollen das Vertrauen unserer Täuflinge in das Ja Gottes stärken. Es ist der Grundauftrag der Kirche, das Evangelium zu erzählen, erfahrbar zu machen. Zeugnis vom Ja Gottes, von der Liebe Gottes ablegen.

Um von diesem Ja zu künden, ist Kirche in der Welt. Mit Kindergärten, mit der Diakonie, mit dem Engagement in Schulen, in der Gesellschaft, im Stadtteil. Zuerst geht es um den Menschen, der für sein Leben diese Botschaft erfahren soll: Du bist gewollt, du bist angenommen, du bist nicht verloren, du bist kein Kind des Zufalls, sondern der Liebe. Das lasst uns all jenen Menschen kundtun, die uns in der Welt begegnen: Du bist gewollt, du bist ein schöner Gedanke Gottes. – In dir begegnet uns eine Spur des Herrn. Du wirst leuchten und darfst sein. Es könnte so einfach sein ….

Ökonomische Kehrtwende[23]

Skandal! Die gute Nachricht, das Evangelium für den heutigen Sonntag, ist eine wahre Irritation! Es geht um Untreue, Ungerechtigkeit und Klugheit. Aber hört selbst, was Jesus seinen Jüngern erzählt:

Er sprach aber auch zu den Jüngern: Es war ein reicher Mann, der hatte einen Verwalter; der wurde bei ihm beschuldigt, er verschleudere ihm seinen Besitz. Und er ließ ihn rufen und sprach zu ihm: Was höre ich da von dir? Gib Rechenschaft über deine Verwaltung; denn du kannst hinfort nicht Verwalter sein.

Da sprach der Verwalter bei sich selbst: Was soll ich tun? Mein Herr nimmt mir das Amt; graben kann ich nicht, auch schäme ich mich zu betteln. Ich weiß, was ich tun will, damit sie mich in ihre Häuser aufnehmen, wenn ich von dem Amt abgesetzt werde.

Und er rief zu sich die Schuldner seines Herrn, einen jeden für sich, und sprach zu dem ersten: Wie viel bist du meinem Herrn schuldig? Der sprach: Hundert Fass Öl. Und er sprach zu ihm: Nimm deinen Schuldschein, setz dich hin und schreib flugs fünfzig. Danach sprach er zu dem zweiten: Du aber, wie viel bist du schuldig? Der sprach: Hundert Sack Weizen. Er sprach zu ihm: Nimm deinen Schuldschein und schreib achtzig.

---

[23] Predigt am vorletzten Sonntag des Kirchenjahres, 19.11.2017, in der Friedenskirche Handschuhsheim zu Lk 16,1-8.

Und der Herr lobte den ungerechten Verwalter, weil er klug gehandelt hatte. Denn die Kinder dieser Welt sind unter ihresgleichen klüger als die Kinder des Lichts.

Lk 16,1-9

Der Skandal

Um die Jünger herum standen auch ein paar Pharisäer und empörten sich:

„Skandal - Jesus lobt einen betrügerischen Verwalter!"

„Er nennt ihn klug – welch eine Provokation! Wenn alle so handeln, dann wird aller Besitz dahin sein."

„Ja, schau sie dir an, seine Jünger! Schütteln den Kopf, jetzt wird ihnen bewusst, auf wen sie sich da eingelassen haben."

„Erst erzählt er von diesem verlotterten Taugenichtssohn, der sein Geld mit Prassen und Huren durchgebracht hat und dann von seinem Vater mit offenen Armen voller Freude in sein Reich aufgenommen wurde. Und jetzt das: Quasi eine Rechtfertigung von Betrug, Urkundenfälschung, Verschwendung, Rechtsbruch!"

„Naja, was soll man auch erwarten von so einem, der mit Sündern und Gesindel Gemeinschaft pflegt."

Dieses Gleichnis ist skandalös. Aber Skandale haben ja zumeist auch eine irritierende und aktivierende Wirkung. Der Skandal durchbricht das Gewohnte. Aber das Evangelium als Skandal? Das

Wort Jesu skandalös? Warum nur lobt er den Betrug des untreuen Verwalters als klug? Wer Lust auf Provokation hat, der muss diesen Text, dieses Gleichnis lieben. Aber worum geht es eigentlich?

Wer will ich sein angesichts der Tatsache, dass ich der, der ich bin, nicht werde bleiben können?

Der reiche Mann hat einen Verwalter. Man wirft dem Verwalter vor, er verschleudere den Besitz des Reichen. Das Vertrauen ist verspielt. Der Reiche fordert Rechenschaft und enthebt den Verwalter des Amtes.

Der Verwalter verliert nicht nur sein Amt, er verliert auch seinen guten Ruf, sein Ansehen. Als Verwalter hatte er Einfluss, verkehrte in Häusern, war gefragt und eingeladen. Aber wer lädt einen gefeuerten, untreuen, verschwenderischen Ex-Verwalter ein? Bleibt da nicht immer dieser Makel des Scheiterns? So wie bei zu Guttenberg immer die falsche Doktorarbeit angeführt wird, Middelhoff der verschwenderische und veruntreuende Ex-Vorstandschef ist oder Wulff der Bundespräsident a.D. ist, der sich ein Bobbycar schenken ließ. Wer weit oben ist, der fällt oft tief und verliert mit seinem Amt und Job auch gleich seine soziale Reputation und sein Ansehen, verliert seine Beziehungen. Dem Verwalter geht das durch den Kopf. Es stellt sich die Frage: „Wer will ich sein angesichts der Tatsache, dass ich der, der ich bin, nicht werde bleiben können?"

Für den Verwalter, der gehen muss, geht es um nichts weniger als darum, die eigene Würde zu behalten, eine soziale Stellung zu behalten und den Sinn des Lebens nicht zu verlieren. Für den Verwalter steht seine soziale Existenz auf dem Spiel. Denn der Mensch lebt nicht vom Brot, vom Geld allein, der Mensch lebt aus Beziehungen.

„Du wärst nie zu Hause sein, wenn du keinen Gast, keine Freunde hast!" singt Heinz Rudolf Kunze in seinem Lied „Aller Herren Länder".

Wer will ich sein angesichts der Tatsache, dass ich der, der ich bin, nicht werde bleiben können! Für den Verwalter geht es um alles oder nichts. Er prüft die Möglichkeiten: „Graben kann ich nicht!" „Zu Betteln schäme ich mich!" Er läuft nicht einfach in eine Sackgasse. Er sucht die kluge Entscheidung. Er braucht eine beziehungsöffnende Entscheidung im Angesicht seines reichen Herrn, der Rechenschaft verlangt. Die Konsequenz in der Zukunft ist für ihn die entscheidende Frage an die Gegenwart.

So ruft er die Schuldner einzeln zu sich. Die haben ungeheuer hohe Schulden. Hundert Eimer Öl der eine. Hundert Sack Weizen der andere. Schulden vergleichbar mit der Schuldenlast Griechenlands. Der Verwalter – der diese Schulden selbst in die Höhe getrieben hatte, um gut davon in die eigene Tasche zu wirtschaften, entschließt sich zum Schuldenschnitt. 50% weniger für den Öl-Schuldner, 20% weniger für den Weizenschuldner. Noch hat er ja die Möglichkeit, noch ist er ja der Verwalter. Der Verwalter hat erkannt, er muss sozial handeln, um in sozialen Beziehungen zu bleiben. Er muss umkehren von seiner Verschwendung und von seiner Besitzgier. Aber seine Umkehr ist ein Rechtsbruch. Er motiviert die Schuldner zum Fälschen der Schuldscheine. Dieser Rechtsbruch schafft Freunde und das zur rechten Zeit.

Das unerwartete irritierende Lob des reichen Mannes

Und wie reagiert der Besitzer? Der reiche Herr? *Und der Herr lobte den ungerechten Verwalter, weil er klug gehandelt hatte. Denn die Kinder dieser*

Welt sind unter ihresgleichen klüger als die Kinder des Lichts. Worin aber besteht die gelobte Klugheit des Betrugs?

Viele Ausleger des Gleichnisses meinen, es sei zunächst die Klugheit des Augenblicks. Der Verwalter handelt mit dem Rücken zur Wand, am Abgrund, so dass er eben nicht beziehungslos wird. Sein Handeln durchbricht seine Ausweglosigkeit und seine drohende Heimatlosigkeit. Er nutzt die ihm verbleibende Zeit, um seinem Leben eine neue Basis zu schaffen. Sein reicher Herr lobt ihn für diese Geistesgegenwart und Entschlossenheit. Aber warum? Der lobende Herr kann dann kaum der gleiche sein, der zuvor den Verwalter wegen Verschwendung entlassen hat.

Es gibt eine zweite Deutung und die sagt: Der reiche Herr, der Besitzer, kann seinen Verwalter nur loben, wenn er dessen Schuldenerlass selbst für klug hält. Der Herr durchbricht den Fluch der bösen Tat, durchbricht selbst die Verschwendung des Verwalters. Der Herr folgt den Wohltaten des Verwalters und nicht der Logik des Geldes. Und damit kommt es zu einer radikalen ökonomischen Kehrtwende: Ziel des Vergeudens ist nicht länger der private Genuss und Gewinn, nicht mehr die Gewinnmaximierung des Einzelnen, sondern die Freundschaftsstiftung. Geld stiftet Frieden, schenkt Rettung, gibt den Armen neue Lebensmöglichkeiten. Der Betrug des Verwalters hat positive Folgen und Konsequenzen für die Zukunft und dies verdient das Lob des Herrn. Das ist eine unerwartete Wende. Herr und Verwalter durchbrechen beide das erwartbare und gewohnte Verhaltensmuster. Eine doppelte Umkehr.

„Nur wer sich ändert, bleibt sich treu!" (Wolf Biermann)

Verwalter und Herr erkennen für sich selbst, dass die Situation der Entscheidung und der Umkehr gekommen ist. Gewiss, die Pharisäer rufen Skandal und jene, die an den Verhältnissen nichts ändern wollen, mögen protestieren. Aber das Evangelium Jesu Christi ist ja gerade nicht die Bewahrung der Verhältnisse, sondern die Ermutigung, neu zu denken.

Und diese Ermutigung spricht Jesus zu allererst seinen Jüngern zu. Denn ihm selbst ergeht es ja wie dem Verwalter. Der wird angeklagt von den Gegnern, die Regeln Gottes zu verletzen und seine Gnade zu verschwenden. Aber was tut Jesus in dieser Situation der Anklage? – Er sucht die Gemeinschaft zu Menschen, er wendet sich den Armen und den Kranken, den Sündern und den Verlorenen zu, die ihn in sein Haus aufnehmen. Er durchbricht das Gewohnte und auch das Bewährte. Er wagt die Veränderung und den Neuanfang. Genau darin ereignet sich doch das Reich Gottes, dass er Menschen zusammenführt und zu Freunden Gottes macht.

… da hätte ich auch leuchten können

„Wer will ich sein angesichts der Tatsache, dass ich der, der ich bin, nicht werde bleiben können!" Diese Frage stellt sich auch uns immer wieder. Im Privaten, im Beruflichen, im Kirchlichen, im Politischen. Und wir sind zutiefst in unserem Handeln auf die Vergangenheit fixiert. Wir halten allzu gern am Überkommenen, am Vergangenen fest.

Der Verwalter aber ist ein Beispiel dafür, dass es nicht um ein Konservieren der Vergangenheit geht, sondern um die Zukunft. Verantwortung im Angesicht des Richterstuhls Christi, Verantwortung im Angesicht der anbrechenden Gottesherrschaft heißt, in der Gegenwart so zu handeln, dass wir damit die Zukunft gestalten können. Deshalb mag der Schuldenschnitt für die Schuldner zwar oberflächlich moralisch zweifelhaft sein – ja, er ist nichts anderes als Betrug –, aber er ist ganz im Sinne des Herrn, ganz im Sinne Christi, weil er von der Barmherzigkeit für die Armen zeugt, weil er sowohl ihnen als auch dem Verwalter Zukunft ermöglicht und sozialen Frieden bewahrt.

Jesus stellt das Verhalten des klugen Verwalters als ein Beispiel dar, wo die Kinder des Lichts, wo die Jünger Jesu, etwas von den Kindern dieser Welt lernen können. Das aber ist eine Anfrage an uns als Jünger Christi. Eine Anfrage an unsere Zivilcourage, an uns Christen, die wir nicht selten verzagen, weil wir uns nicht schuldig machen wollen, weil wir uns lieber demütig klein halten wollen und dabei nicht selten auch das gegenwärtige Handeln vergessen. Jesus aber ermutigt zu einem Handeln, das im Blick auf die Zukunft im anbrechenden Reich Gottes moralische Werte aufbricht und dennoch für die Zukunft orientiert.

In der Gegenwart entscheidet sich für den Verwalter die Zukunft. Jetzt ist die Zeit des Handelns, es bleibt keine Zeit für christliche Angst vor Sünde und Schuld. Es bleibt nur die Frage: „Wer will ich sein angesichts der Tatsache, dass ich der, der ich bin, nicht werde bleiben können!" Ja, wie kann ich ein Kind des Lichts sein?

Dazu zum Schluss ein „Kleines Beispiel" des Dichters Erich Fried:

„Auch ungelebtes Leben
geht zu Ende
zwar vielleicht langsamer
wie eine Batterie
in einer Taschenlampe
die keiner benutzt

Aber das hilft nicht viel:
Wenn man
(sagen wir einmal)
diese Taschenlampe
nach so- und soviel Jahren
anknipsen will
kommt kein Atemzug Licht mehr heraus
und wenn du sie aufmachst
findest du nur deine Knochen
und falls du Pech hast
auch diese
schon ganz zerfressen

Da hättest du
genau so gut
leuchten können." [24]

---

[24] Erich Fried, Das Nahe suchen, Berlin 1990, S. 9.

Gut sein ist Sein im Zusammensein[25]

Gottes Güte leitet uns zur Buße! Wir kehren ein und blicken auf uns. Wie schwer fällt das? Sich selbst zu betrachten? Was nehme ich wahr? Wie nehme ich mich wahr? Verstrickt in Beziehungen mit Menschen? Umzingelt von Anderen, vom Fremden?

Flanieren

Menschen auf der Straße. Die einen verdecken ihr Gesicht unter einem Niqab. Die anderen schauen so komisch. Ein paar Afrikaner kommen um die Ecke. Und dann noch die Araber. Eine alte Frau schimpft laut auf sie ein. Eine Mutter versucht ihr Kind zu erziehen. Und ich stehe mit meinen Gedanken! Was tun die da? Die anderen und die Fremden? Schüttel den Kopf. Empfinde Unwohlsein. Vielleicht auch Unverständnis und Ekel.

Wir blicken auf andere Menschen um uns herum, nicht immer ist es ein Blick der Güte, gelegentlich der Blick der Neugier, oft ein Blick der Angst und des Unverständnisses, gespeist mit den Vorurteilen im Kopf: Die Moslems unterdrücken Frauen. Der Islam vertreibt das Christentum. Die Konfirmanden und Konfirmandinnen sind im Gottesdienst zu laut. Die Jungen reden zu schnell. Und der Bettler an der Hausecke könnte doch zum Amt gehen. Und so weiter und so fort. Und was ist mit dir?

---

[25] Predigt am Buß- und Bettag, 22.11.2017, in Friedenskirche Handschuhsheim zu Röm 2,1-11.

Gottes Güte leitet uns zur Buße. Buße beginnt mit dem ehrlichen Blick auf mich selbst. Wie bin ich verstrickt in diese Welt. Was ist mein Anteil, meine Angst, meine Schwäche, meine Situation?

„Darum, o Mensch, kannst du dich nicht entschuldigen, wer du auch bist, der du richtest. Denn worin du den andern richtest, verdammst du dich selbst, weil du ebendasselbe tust, was du richtest."

Röm 2,1

Wir sind verstrickt und verfangen in einem Netz des selbstgerechten Be- und Verurteilens. Fortlaufend werden wir beurteilt. Von der Wiege bis zur Bahre. Von der Entwicklungsschnecke im Kindergarten bis zur Beurteilung durch den medizinischen Dienst. Bei der Bewerbung auf eine Arbeitsstelle wie bei der Wohnungssuche. Mal geschieht es einfach, mal suchen und provozieren wir das Beurteilen und Urteilen der anderen über uns geradezu. Da wird gegiert mit Fotos und Posts auf Instagram und Snapchat, auf Facebook und Twitter: Gefällt-mir-Button dort und Flammen hier. Und wenn es nicht gefällt, ist schnell ein Hasskommentar hinzugefügt. Es ist leicht geworden heute, die Anderen zu beurteilen. Und es entlastet mich von meiner Verantwortung. Die anderen sind schuld. Die Flüchtlinge ebenso wie die Wirtschaftsbosse. Die Politiker ebenso wie die Hartz IV-Empfänger. Die Steuerflüchtlinge ebenso wie die Jugend.

In unserer Zeit sind es immer die Anderen. Das macht es schön einfach. Und für jeden eventuellen Fall seiner Schwachheit und für jeden Akt seines Versagens beansprucht der moderne Mensch eine adäquate Kompensation der Gesellschaft. Wenn das Gehör schwächer wird, sind es eben die Schauspieler im Tatort, die nicht mehr deutlich sprechen und die Jungen, die sich in der Artikulation keine Mühe geben. Wenn das Kind in der Schule nicht die Leistung bringt, ist es der Lehrer, der nicht individuell genug auf die Hochbegabung des Zappelphilipps eingegangen ist. Es ist so schön einfach immer über die Anderen zu richten. Und doch es zermürbt. *Gottes Güte aber leitet uns zur Buße!*

Das Anstößige des Paulus ist: Er sagt nicht die Heiden müssen Buße tun. Nein alle! Juden wie Griechen, Alte wie Junge, Kranke wie Gesunde, Männer wie Frauen. ... Nicht die Anderen müssen Buße tun, sondern auch ich, auch du, man selbst. Warum? Weil er erkannt hat, dass Gott nicht nur ein paar wenigen Heil und Gnade zukommen lassen will, sondern allen. Der Schöpfung als Ganzes.

Die Einsicht dieses Gedankens, dass Gott allen Menschen Gnade und Liebe zukommen lassen will und kann, führt dazu, dass sich der Blick auf den anderen und den fremden ändert. Alle Menschen bedürfen der Gnade, auch ich, auch der andere, auch der komische an der Straßenecke. Es gibt keinen moralischen Unterschied per se zwischen den Menschen, darum ist es gut und sinnvoll, dass wir das moralische Urteilen zwischen den Gruppen überwinden.

„Gut ist Sein als Zusammensein"

Aber ist dann nicht alles egal? Ist es dann nicht völlig beliebig, was ich tue, wie ich handle? Warum noch sich anstrengen? Warum gut sein? Paulus will die Unterschiede zwischen den Gruppen überwinden und damit auch die Spaltungen. Es mag ja unterschiedliche Gruppen geben, Bräuche, Riten, aber am Ende ist das Zusammensein, die Gemeinschaft entscheidend – ohne Eifer, ohne Urteile. „Gut ist Sein als Zusammensein!" (Jüngel)

Wir alle sind auf Gott bezogen, wir alle sind aufeinander bezogen. Leben ist nur möglich als Zusammensein. Das gilt im ganz Kleinen und im ganz Großen. Das gilt für dich und für mich im ganz persönlichen Bereich. Sünde aber ist eine religiöse Haltung und eine Einstellung, die sich selbst rechtfertigt und andere verurteilt und verbrämt. Und der Ausgangspunkt – so Paulus - ist oft schon das Gottesverhältnis selbst. Wenn ich meinen Glauben über den der Anderen stelle. Wenn ich als Älterer meine, die Jüngeren hätten keinen Glauben oder einen zu kleinen Glauben. Wenn ich in der Gemeinschaft unterstelle, die einen meinen es ernst und die anderen heucheln nur.

Wie oft geschieht dies doch gerade auch in unserer Gemeinde! Beispiele für Vorurteile und selbstgerechtes Richten: „Die Taufeltern sind nicht liturgiefest genug – sie machen es doch nur wegen des Familienfestes." „Die Brautpaare interessiert doch nur die Kirche als Kulisse für einen schönen Akt inszenierter Liebe." „Und dann die Konfirmanden erst, auf die muss man aufpassen, lassen sich nur des Geldes wegen konfirmieren." Und die Alten? Ach, die sind immer gut, denn die haben Erfahrungen und können alle gut beobachten, wenn sie nur besser hören könnten und nicht immer so laut nachfragten. *„Alle, die ohne Gesetz gesündigt haben, werden auch ohne Gesetz verloren gehen; und alle, die unter dem Gesetz gesündigt haben, werden durchs Gesetz verurteilt werden. Denn vor Gott sind nicht gerecht, die das Gesetz hören, sondern die tun, was das Gesetz fordert." (Röm 2,12-14)*

Das Böse – so kann man Paulus übersetzen, beginnt nicht unbedingt im abstrakten Nein zu Gott, sondern in einem falschen Ja zu Gott beginnt das Böse. Wer sich selbst erhöht als jenen, der vor Gott, ja auch im Gottesdienst ohne Fehl und Tadel ist, und nur schaut, was der andere wohl macht, der spaltet und trennt. Das falsche Ja gebiert das zerstörerische Nein.

Aber sollen wir dann als Konsequenz alle gleichgültig werden? Nein! Das sei ferne. „Gottes Güte leitet zur Buße". Wer auf sich selbst ehrlich schaut, und zugleich weiß, Gottes Güte gilt allen, kann den Mut zur Wahrheit wagen.

Du darfst zu deinen Schwächen stehen, denn sie trennen dich nicht von Gott. Du darfst zu deinen Fehlern stehen, denn sie verschließen dir nicht die Güte Gottes. Und wer das kann und tut, wer sich selbst annehmen kann mit all den Unvollkommenheiten, auch mit den Schwächen, auch mit den Beschwerlichkeiten, wer seinen eigenen Anteil erkennt, der erkennt im Lichte der Güte Gottes: Gott verwirft nicht. Gott sagt unbedingt JA! zu mir und zum Anderen. Denn Ja ist das göttliche Urwort des Seins.

Oder mit einer Paraphrase von Worten des Evangelisten Johannes: Im Anfang war das Ja. Und das Ja war bei Gott. Und Gott war das Ja. Dieses war im Anfang bei Gott. Alles ist durch es geworden, Und nichts, was geworden ist, ist ohne es geworden.

Gottes Ja gilt unbedingt, Gottes Ja gilt allen, auch wenn es schwer zu begreifen ist.

Resilienzoption[26]

Die Frage nach dem Ewigen Leben

„Was muss ich tun, dass ich das ewige Leben ererbe?" (Lk 10,25) Der Schriftgelehrte stellt die Frage aller Fragen an Jesus. Was muss ich tun, um das Glück, um Gott im Leben wahrzunehmen?

Gewiss, Jesus soll versucht werden und Jesus antwortet taktisch. Er verweist den Schriftgelehrten auf das zurück, worin er Experte, Gelehrter ist: *„Was steht denn im Gesetz geschrieben? (Lk 10,26)"* Was liest du? Was weißt du darüber?

Und der Schriftgelehrte antwortet: „Du sollst den Herrn, deinen Gott, lieben von ganzem Herzen, von ganzer Seele und mit all deiner Kraft und deinem ganzen Gemüt und deinen Nächsten wie dich selbst! (Lk 10,27)"

Die richtige Antwort und jetzt gilt es, sie in die Tat umzusetzen. Der Auftrag scheint doch recht einfach und klar: Gott lieben, den Nächsten lieben, sich selbst lieben! Nur so einfach scheint es das nicht zu sein. Das erkennt man schon an der gehörten Beispielgeschichte:

Die Frommen, Priester und Levit, ziehen an dem unter die Räuber Gefallenen vorbei. Erst der „fremde" Samariter wird dem Opfer zum Nächsten. Die ersten denken nur an die Gottesliebe, wollen

---

[26] Predigt am Sonntag Estomihi, 26.2.2017, in der Friedenskirche Handschuhsheim zu Lk 10,38-42.

123

sich nicht die Hände schmutzig machen, sich nicht verunreinigen. Eilen sie vielleicht gerade zum Gottesdienst? Sind sie auf dem Weg, ihre religiösen Pflichten zu erfüllen?

Der Samariter aber wendet sich dem Opfer zu. Er übt Nächstenliebe. Er macht nicht mehr als nötig: Er sieht hin. Er handelt. Er reinigt die Wunden. Er bringt ihn in eine Herberge. Er zahlt für die Pflege. Und übergibt ihn in die Hände des Wirts. Seine Nächstenliebe unterbricht seinen Alltag, seine Reise, aber sie vereinnahmt nicht sein Leben. Nachdem er alles für den Kranken geregelt hat, wendet er sich wieder seinem eigenen Leben zu. Er liebt den Nächsten wie auch sich selbst.

Wie schwer fällt es aber uns, den Ausgleich zu finden zwischen unserer Sorge um uns selbst, dem Einsatz für andere und der Gottesliebe. Erfahren wir das ewige Leben, nach dem der Schriftgelehrte gefragt hat? Das ewige Leben besteht ja nicht darin, dass man zeitlich unendlich lebt, sondern dass man die Fülle des Lebens erfährt, ja, dass wir unser Leben als ein von Gott bejahtes, von Gott erfülltes Leben erfahren und erkennen. Der eine Weg, dieses ewige, gotterfüllte Leben zu erfahren, ist die Nächstenliebe. Der andere aber ist die Gottesliebe von ganzem Herzen. Wie aber geht das?

Der Evangelist Lukas erzählt dazu die Geschichte von zwei Frauen:

Als sie aber weiterzogen, kam er in ein Dorf. Da war eine Frau mit Namen Marta, die nahm ihn auf. Und sie hatte eine Schwester, die hieß Maria; die setzte sich dem Herrn zu Füßen und hörte seiner Rede zu.

Marta aber machte sich viel zu schaffen, ihnen zu dienen. Und sie trat hinzu und sprach: Herr, fragst du nicht danach, dass mich meine Schwester lässt allein dienen? Sage ihr doch, dass sie mir helfen soll!

124

Der Herr aber antwortete und sprach zu ihr: Marta, Marta, du hast viel Sorge und Mühe. Eins aber ist not. Maria hat das gute Teil erwählt; das soll nicht von ihr genommen werden.

Lk 10,38-42

Marta – und das Viele, das an ihr zerrt!

Marta und Maria – zwei Frauen, zwei Schwestern. Sie handeln ganz unterschiedlich. Da ist Marta. Die zupackende, herrschende. Marta trägt Verantwortung für ihr Haus. Sie ist ein gutes Beispiel für Nächsten- und Gottesliebe. Sie nimmt Jesus und seine Jünger, die wandernden Prediger, bei sich im Haus auf. Nicht alle tun dies. Nein, die Wanderprediger sind auf die Liebe und Offenheit, auf die Einladung der Sesshaften angewiesen. Marta zeigt Liebe und nimmt sie auf. Und dann tut Marta alles, um den Gast in ihrem Haus gut zu umsorgen. Und nicht nur das. Die deutsche Übersetzung erweckt den Eindruck, als sei Marta eine dieser Gastgeberinnen, die vor lauter Sorge um ihren Gast in beständige Geschäftigkeit verfallen.

Mir treten jene vor Augen, die ich zum Geburtstag besuche und die während meines Besuch ständig nur am Laufen und Rennen sind: Sie wollen, dass es mir gut geht – zeigen ihre Gastlichkeit, kochen Kaffee, holen Kuchen, schenken nach, holen noch einen Nachtisch. Zwischendurch telefonieren sie mit Gratulanten. Und ich sitze auf dem Sofa und trinke den Kaffee, esse allein meinen Kuchen – vielleicht auch mit anderen Gästen. Und nach einer halben Stunde suche ich die Küche auf, um mich bei der Gastgeberin zu verabschieden. Ich wurde gut umsorgt. Aber war der Besuch für meine Gastgeberin schön?

Marta ist nicht allein jene, die sich um Jesus sorgt. Nein, sie ist die Hausherrin, die Herrscherin, wie die aramäische Bedeutung ihres Namens nahelegt. Im griechischen Text wird ihr „Schaffen" mit dem Verb περισπάομαι (*perispaomai*) beschrieben, was so viel heißt wie *„ganz und gar in Anspruch genommen, völlig beschäftigt, stark überlastet werden oder sein."* Ihre Aufmerksamkeit gilt nicht nur ihrem Gast, nein, sie muss Haus und Hof, Bedienstete und Lieferanten im Blick behalten. Sie muss alles koordinieren. An Marta zerrt es von allen Seiten. Es ist nicht nur ihr eigenes Wollen, es ist auch das Zerren der Anderen. Marta ist gefangen in ihrer Rolle und Verantwortung und seufzt.

Wie oft höre ich leise dieses Seufzen und erlebe doch auch dieses Zerren. Die vielen Ansprüche. Die Schüler seufzen: Klassenarbeiten, Hausaufgaben, Referate, GFS, Training. Freude, da ruft jemand an, es hüpft das Smartphone in der Hose, WhatsAppnachrichten, SMS. Endlich zuhause: Lust auf Bett und Couch, endlich mal nichts tun. Da rufen Vater und Mutter aus der Küche: „Ist der Müll schon runter gebracht?" „Häng die Jacke auf!" „Räum die Taschen aus dem Weg!" „Deck den Tisch!" „Das Essen ist fertig!." „Erzähl von deinem Tag!" Alles zerrt! Wäre es nicht schön, einfach Pause, Entlastung zu haben?

Dann lese ich in einer Pfarrerszeitschrift wieder so ein Klagelied über die Schönheit und Vielfalt des Pfarrberufs. Hin und her zwischen Mailprogramm und Telefon, vom Friedhof zum Konfirmandenunterricht, zwischendurch Hausmeister sein und den Handwerker einweisen, am Abend Sitzungen, in der Pause Akten lesen. Und da klingelt es an der Tür – jetzt ganz da sein für die Bedürftigen. Einer hat Hunger. Einer hat ´ne Frage. Jemand holt den Schlüssel ab. Immer freundlich und zugewandt, dem Burn Out nah. So lese ich von der Überforderung und der Forderung: Entlastung und Besinnung, Andacht tut not.

So geht es doch vielen heute: Mütter und Väter zwischen Beruf, Haushaltsführung und Kindererziehung. Immer erreichbar, immer in Sorge, immer beschäftigt. Mensch halt inne!

Was muss ich tun, dass ich die Fülle des Lebens erfahre? Oder ist das Zerren die Fülle? Nein! Denn Marta kann nicht mehr. Sie will raus. Sie will Pause. Aber sie kann nicht aus ihrer Haut. Könnte nicht ein anderer mal einspringen: „*Herr, fragst du nicht danach, dass mich meine Schwester lässt allein dienen? Sage ihr doch, dass sie mir helfen soll!*"

Der angesprochene, Jesus, aber lässt sich nicht ein auf die ihm zugesprochene Schiedsrichterrolle. Aber er ist aufmerksam für Marta, er sieht hin, wie er die ganze Zeit ein Auge auf ihr Treiben hatte: „*Marta, Marta!*"

Er spricht sie mit Namen an. Aber sieht sie ihn? Hört sie ihn? Oder hat sie wieder auch ein Auge auf die Hausdienerin, die gerade wieder einmal den Wasserkrug am falschen Ort abstellt und für den Lieferanten, der just in diesem Moment das Fleisch bringt? „Marta, ich staune, wie du das Viele schaffst. Und ich sehe, wie das alles an dir zerrt!"

Maria und die innere Freiheit für das Eine, das not tut!

Ja, es ist ein Grund zum Staunen! Was unsere Jugendlichen tagtäglich so schaffen. Wie sie alles unter einen Hut bekommen: Schule,

Freunde, Musik und Sport. Aber aus dem Staunen entspringt auch die Sorge: Erfahren sie den Moment der Fülle, des ewigen Lebens, diesen Moment, in dem Gottes Ja und die Schönheit des Lebens in ihnen brennt – können sie den wahrnehmen, genießen? Oder sind sie schon wieder auf dem Sprung, in Gedanken woanders, nur dem Nachbarn im Geschwätz zugewandt?

Ja, es ist ein Grund zum Staunen, wie die vielen Sozialengagierten es immer wieder schaffen, für andere dazu sein. Erfolgreiche Familienmanagerinnen, zwischendurch Arbeit hier und da und Ehrenamt oben drauf. Aber sorgen sie für ausreichend Kraftquellen für sich selbst?

Ja, ich staune gelegentlich gar über meinen To-Do-Kalender und die abgehakten Dinge. Aber habe ich ausreichend an mich gedacht? Wann habe ich ein Buch gelesen, ein Konzert gehört, Sport getrieben und war ganz bei mir und bei Gott?

Levit und Priester laufen an der Gelegenheit des ewigen Lebens vorbei. Sie haben kein Auge für den unter die Räuber gefallenen Nächsten. Laufen wir, läuft Marta vielleicht vor lauter Konzentration auf die nächsten Aufgaben an Gott vorbei?

„Eins aber ist not. Maria hat das gute Teil erwählt; das soll nicht von ihr genommen werden."

Jesus tadelt weder Marta, die Verantwortung für ihren Gast und für ihr Haus übernommen hat. Noch tadelt er Maria, die ihrer Schwester nicht hilft. Maria hat das gute Teil gewählt. Maria lässt nicht an sich zerren. Maria wählt!

Das ist der fundamentale Unterschied zwischen den Schwestern. Maria wählt und ist frei. Aber was ist das eine, das not tut? Es ist das ewige Leben, das in der Gottesliebe empfangen wird. Maria ist das Beispiel für tätige, hörende Gottesliebe. *„Du sollst den Herrn, deinen Gott, lieben von ganzem Herzen!"* Maria hat sich Jesus zu Füßen gesetzt und ihm zugehört. So hat sie ihm ihre Liebe erwiesen und zugleich hat sie in diesem Moment das ewige Leben, die Fülle Gottes im Leben empfangen. Das soll ihr nicht genommen werden. Ihr soll auch die Freiheit der Wahl nicht genommen werden. Maria ist Gott zur Samariterin geworden!

Maria und Marta. Die Hörende und die in Anspruch Genommene. Die zwei Seelen in uns. Wir stehen doch – ob Konfirmand oder Mutter – ob Opa oder Amtsträger – immer wieder vor der Aufgabe zu überlegen: Was müssen wir wirklich? Wo müssen wir uns bremsen? Keine leichte Aufgabe, aber in Gottes Liebe, mit Jesus Christus in unserer Mitte, sollten wir es wagen und den Moment wahrnehmen, in dem Gottes Liebe, Gottes Ja, Gottes Hingabe, Gottes Wort für uns in unser Herz einkehrt und wir still werden dürfen, um zu genießen!

1. *»Eins ist Not!« Ach Herr, dies eine / lehre mich erkennen doch; / alles andre, wie's auch scheine, / ist ja nur ein schweres Joch, / darunter das Herze sich naget und plaget / und dennoch kein wahres Vergnügen erjaget. / Erlang ich dies eine, das alles ersetzt, / so werd ich mit einem in allem ergötzt.*

2. *Seele, willst du dieses finden, / such's bei keiner Kreatur; / lass, was irdisch ist, dahinten, / schwing dich über die Natur, / wo Gott und die Menschheit in einem vereinet, / wo alle vollkommene Fülle erscheinet; / da, da ist das beste, notwendige Teil, / mein Ein und mein Alles, mein seligstes Heil.*

(EG 386,1-2)

Vom Umgang mit dem Scheitern[27]

Luftreich

Nun werden sie bald beginnen – die Olympischen Spiele. Und dann wird gemessen, bewertet, beurteilt. „Dabei sein ist alles!" Das gilt schon längst nicht mehr, wenn es denn überhaupt jemals wirklich als Motto galt. Nein, sie sollen ihre Leistungen bringen, mindestens die eigene persönliche Bestleistung, nach Möglichkeit Finalplätze erreichen und im besten Fall Gold, Silber, Bronze für das eigene Land gewinnen. Davon hängt der Sportlerhimmel ab und auch die Frage: Wie gut ist die Finanzierung? Wie groß ist das Ansehen? Bist du Held oder Versager?

Um das Ziel zu erreichen, haben sie alles getan: Leistungszentren und Kompetenzzentren, Internate und Stützpunkte sind eingerichtet worden, mit dem Ziel der Leistungsoptimierung, es wird gecoacht, was geht: nicht nur sportlich, nein auch die Ernährung und die Kommunikation. Die latente Illusion: Der perfekte Sportler, der irgendwo auch der gleichgeschaltete optimierte Mensch ist.

Und doch das Glück ist auf Sand gebaut, wenn wir uns nur davon abhängig machen, was wir leisten und uns nur am Erfolg und Gelingen orientieren. Jedes Scheitern, jede Niederlage stellt dann alles in Frage. Längst ist das ja nicht nur ein Phänomen im Spitzensport. Nein, in dieser Woche, in der ihr Konfirmanden und Konfirman-

[27] Predigt am 11. Sonntag nach Trinitatis, 7.8.2016, in der Friedenskirche in Handschuhsheim zu Eph 2,4-10.

dinnen die Zeugnisse bekommen habt, wird es nochmal deutlich. Ein Schuljahr habt ihr gelernt und geschuftet, manche mit Leichtigkeit, manche mit Nachhilfe. Viele waren erfolgreich, manche sind ganz zufrieden und manche haben das Ziel nicht erreicht. Wenn ich den Druck betrachte, dem ihr in der Schule und oft auch im Elternhaus ausgesetzt seid, dann stelle ich mir schon die Frage, wird hier nicht eigentlich ein Luftreich gebaut. Ja, in der Schulzeit werden die Grundlagen für die Zukunft gelegt, aber ob du glücklich bist, ob du in deinem Leben erfolgreich sein wirst, hängt nicht an dem Moment deiner Jugend.

Wird in unserer Gesellschaft nicht allzu oft der Himmel auf Erden verheißen, in den du nur kommst, wenn du erfolgreich, schön, sportlich bist, und wo du außen vor bleibst, wenn du scheiterst? Es gibt eine latente gesellschaftliche Ächtung der Scheiternden, teils aus Schadenfreude, teils aus Scham, teils aus der Unsicherheit: Wie kann der jetzt noch glücklich und selig sein?

Unser Glück, der Himmel auf Erden, deine Seligkeit hängt nicht nur von deinem Erfolg, deinen Leistungen ab. Sie mögen für zeitweise Euphorie sorgen, aber dieses Glück ist flüchtig. Die vielen Erschöpften und Ausgebrannten in unserer Gesellschaft sind ein Zeichen für diesen Irrsinn der Vorstellung, wir könnten die perfekte Sicherheit im Leben, das unanfechtbare Glück selbst bewirken.

Himmelreich

Der Epheserbrief erzählt keine Luftreichgeschichte, in der sich das Glück in Luft auflöst. Der Epheser erzählt eine Himmelsgeschichte. Er hat Menschen vor Augen, die keine Hoffnung hatten, sondern alles auf ihr eigenes Vermögen, ihre eigenen Werke setzten. Sie haben auf den Zeitgeist gesetzt, auf die jeweilige Moden, die das Glück verheißen und doch den Himmel nicht fassen können. Aber dann hat ihr Leben eine entscheidende Änderung erfahren: Sie haben die Geschichte Jesu Christi gehört. Sie haben gehört, dass einer, der am Kreuz verloren war, von Gott auferweckt ist, dass er im Himmel zur Rechten sitzt und mit ihm im Himmel sind alle, die an ihn glauben.

Nichts konnte Jesus dazutun, kein Werk, keinen Gehorsam, kein Leiden, kein Zeugnis garantierte ihm die Auferstehung. Nur die Hingabe und das Vertrauen an Gott-Vater. Gott ist das Subjekt der Rettung. Und er rettet allein aus Gnade. Der Himmel ist ein Geschenk, ein Gnadengeschenk für dich. Gott rettet aus der Erschöpfung, immer mehr, immer besser, immer kompetenter zu werden. Gott rettet und befreit zugleich aus dem Wahn, dass es 100% Sicherheit geben kann, dass man alles Scheitern, jeden Tod, jede Krise ausschließen kann. Dem lauten Rufen und dem latenten Druck zur Kompetenzsteigerung, um den Himmel zu finden, begegnet Gott leise durch die Gnade.

Und dieses Geschenk verändert. Du wirst ein anderer, wenn du es an dir geschehen lässt. Wenn du es annimmst, dass du geliebt bist, dass dein Platz schon jetzt im Himmel ist, dann macht es dich frei zu guten Werken. Du bist befreit vom Druck, dass allein du dein Lebensglück, deinen Lebenssinn, deine Seligkeit in Händen hast.

Aus Gnade seid ihr selig geworden – und er hat uns mit auferweckt und mit eingesetzt im Himmel in Christus Jesus. Du bist schon Teil des Himmels. Und um dich sitzen Himmelsgeschwister. Schau dich einen Moment um. ... Das, was dein Leben gelingen lässt, sind nicht Medaillen, Erfolge, Zeugnisse, sondern Menschen, die mit dir in Beziehung stehen, denen du wichtig bist, denen du am Herzen liegst.

Ich habe in dieser Woche einen Chat gesehen, in dem einer seinen Abschied verkündet hat, weil er das Klassenziel nicht erreicht hat: Die Reaktionen der Freunde und Mitschüler waren für mich beeindruckend und sie zeigen: Ihr Jugendlichen habt mitten in dieser von Leistungswahn dominierten Welt ein Herz für das, was wirklich zählt: Da habe ich wirkliches Bedauern gelesen, weil der Freund und der Mitschüler nun in den Schulstunden nicht mehr dabei ist. Für die Bedeutung eines Menschen ist die Leistung nachrangig, seine Freundschaft, seine Liebeswürdigkeit, seine Präsenz ist viel wichtiger und bedeutender.

Taufe – das Ja und der Segen für das Neue Leben

Aus Gnade seid ihr selig geworden. Und das nicht aus euch, Gottes Gabe ist es. Wo erfahren wir diese Gnadengabe, dieses Gnadengeschenk mehr als in der Taufe. Kinder, die getauft werden, haben nichts geleistet, sie haben keine Gesetze erfüllt, keine Zeugnisse eingereicht oder Prüfungen abgelegt. Sie sind einfach und sie schenken und lassen sich beschenken, ohne große Werke, ohne Kompetenzoptimierung. In der Taufe wird dieses Gnadengeschenk erlebbar, fühlbar. Kinder werden getauft, bejaht, gesegnet, geliebt, weil sie sind, weil sie einfach da sind. Nichts kann diese Ja schmälern, nicht die schlafraubenden Nächte, nicht die Unruhe und der Hunger nach elterlicher Nähe. Ihre Kompetenz ist einzig und allein, dass sie empfangen können und dürfen. Aber weil sie elterliche Liebe empfangen und auch weil sie die Taufe als das unbedingte Ja Gottes an ihrem Leib spüren, werden sie Liebe geben, werden sie das ihnen Mögliche leisten können an guten Werken.

Die Epheser haben das Gnadengeschenk als eine einschneidende Veränderung in ihrem Leben empfunden. Es hat sie befreit und neu gemacht, sie sind in den Himmel eingetaucht. Gewiss, unser irdisches Leben ist nicht nur Himmel, wir erleben es ja tagtäglich: Terror, Angst, Gelingen und Scheitern, Konflikte und doch immer wieder auch Versöhnungsgeschichten.

Auch unsere (getauften) Kinder sind himmlisch irdisch: Sie verändern allein durch ihr Sein die Welt. Ihre Eltern erzählen es beim Taufgespräch: Das große Glück, das ihre Kinder für sie bedeuten. Sie verändern das Leben himmlisch, auch wenn nicht alles, was sie tun, himmlisch ist. Aber sie zeigen einfach durch die Liebe in ihnen, Liebe und Freude.

In jeder Taufe, die wir als Gemeinde feiern, erinnern wir uns an den Kern unseres Glaubens, erinnern wir das eine große Ja Gottes, das über uns gesprochen ist: Kein Medaille, kein Zeugnis, kein Lob und kein Preis, kein Kompetenzzentrum kann dieses Ja optimieren, denn es ist unverbrüchlich und unbedingt. Es ist das Glück und der Segen, der dich im Leben begleitet, dass dich einzigartig und frei macht, dass dich lachen und weinen lässt, dass dich tröstet und stärkt. Du bist bejaht, geliebt, angenommen. In deiner Taufe – kannst du dich als ein Kind Gottes neu entdecken und hören und sehen, wie du die Welt zum Guten veränderst und bereicherst. Allein aus Gnade bist du selig geworden..

Vergebung und Mitmenschlichkeit[28]

Da trat Petrus hinzu und sprach zu ihm: Herr, wie oft muss ich denn meinem Bruder, der an mir sündigt, vergeben? Ist's genug siebenmal? Jesus sprach zu ihm: Ich sage dir: nicht siebenmal, sondern siebzigmal siebenmal.

Mt 18,21-22

Wenn es doch so einfach wäre! Wenn sie in den Kühlschrank schaut, immer das gleiche Bild: Gestern hatte sie den Joghurt gekauft und schon wieder ist er verschwunden, vernascht, gegessen. Immer wieder versucht sie zu erklären, zu vergeben – 490fach. Das nervt, wenn sich nichts ändert. So einfach ist das nicht.

Wenn es doch so einfach wäre! 490fach! Immer wieder und wieder hat sie es versucht. Immer wieder und wieder erzählte sie dann, sei sie die Treppe runtergefallen oder gegen eine Tür gelaufen. Vergebung? Neuanfang, grenzenlos? 490fach. Wieder und wieder! So einfach ist das nicht!

Wenn er sein Handy einschaltet, dann sind da immer diese Nachrichten. Facebook, WhatsApp, Twitter. Shitstorm. Rufschädigung. Ja, er hatte eine Entscheidung zu verantworten. Aber jetzt: Hochverräter. Verleumder. Verbrecher. Der Galgen wartet. Er drückt es weg, vergeben – 490fach? Wieder und wieder. Er versucht es, aber

---

[28] Predigt am 22. Sonntag nach Trinitatis, 1.11.2015, in der Friedenskirche Handschuhsheim zu Mt 18,21-35.

es kommt immer wieder hoch. Furcht, Angst, Wut! Ach, wenn es doch so einfach wäre.

Nein, sie wollen nicht einfach vergeben. Nicht mehr nach allem, was geschehen ist. Ändert sich ja doch nichts. Neulich trafen sie zusammen im Bibelkreis. Haben erzählt von ihrem Befinden, wie immer am Anfang der Stunde. Und sie erzählten von Verletzungen, von der Gewalt der Worte, von den Schmerzen der Beleidigungen, von der Ohnmacht gegen die Mitbewohner. Bei den Frommen muss man doch mal ein gutes Wort hören, aber nein, danach wurde es nur noch schlimmer. Eine besonders Bibelkundiger zitiert: *„Jesus sagt: „Siebzigmal siebenmal sollst du vergeben!"* Wie absurd ist das denn? Ein Freifahrtschein für den Anderen, 490fache Vergebung. Wer zählt das, was bringt das? Was ändert sich, wenn Vergebung zur Forderung an die Vergebenden wird?

Nach dem Bibelkreis gingen sie nach Hause. Die frommen Sprüche dieser Bibelbesserwisser waren zu viel. Das Leben ist eben nicht rosarot, sondern eben auch Disharmonie und ihre Bewältigung. Wer glaubt, das Leben lässt sich mit der Bibel erklären, deuten, gestalten, nach dem Motto: „Du musst nur wissen, was Jesus heute sagt", der irrt. Hält eigentlich Jesus das durch „siebzigmal siebenmal" – 490fache Vergebung? Er lässt auf das Moralin ein Gleichnis folgen. Ein Schalk, wer Böses dabei denkt.

Darum gleicht das Himmelreich einem König, der mit seinen Knechten abrechnen wollte. Und als er anfing abzurechnen, wurde einer vor ihn gebracht, der war ihm zehntausend Zentner Silber schuldig. Da er's nun nicht bezahlen konnte, befahl der Herr, ihn und seine Frau und seine Kinder und alles, was er hatte, zu verkaufen und zu zahlen. Da fiel der Knecht nieder und flehte ihn an und sprach: Hab Geduld mit mir; ich will dir's alles bezahlen. Da hatte der

*Herr Erbarmen mit diesem Knecht und ließ ihn frei und die Schuld erließ er
ihm auch.*

*Da ging dieser Knecht hinaus und traf einen seiner Mitknechte, der war ihm
hundert Silbergroschen schuldig; und er packte und würgte ihn und sprach:
Bezahle, was du schuldig bist! Da fiel sein Mitknecht nieder und bat ihn und
sprach: Hab Geduld mit mir; ich will dir's bezahlen. Er wollte aber nicht,
sondern ging hin und warf ihn ins Gefängnis, bis er bezahlt hätte, was er schuldig war.*

*Als nun seine Mitknechte das sahen, wurden sie sehr betrübt und kamen und
brachten bei ihrem Herrn alles vor, was sich begeben hatte. Da befahl ihn sein
Herr zu sich und sprach zu ihm: Du böser Knecht! Deine ganze Schuld habe
ich dir erlassen, weil du mich gebeten hast; hättest du dich da nicht auch erbarmen sollen über deinen Mitknecht, wie ich mich über dich erbarmt habe? Und
sein Herr wurde zornig und überantwortete ihn den Peinigern, bis er alles bezahlt hätte, was er schuldig war.*

*So wird auch mein himmlischer Vater an euch tun, wenn ihr nicht von Herzen
vergebt, ein jeder seinem Bruder.*

Mt 18,23-35

Gottes Großzügigkeit

Denn so muss es ja kommen. Gegen meine Vergebungsmüdigkeit
und Resignation wird so eine Art Gutgottestum gesetzt: Gott
vergibt immer und liebt dich, egal, was du tust. Sozusagen 490fache
Vergebung.

Worum geht es eigentlich? Da hat einer unermessliche Schulden vor
dem König. Die Summe ist so hoch, das es kaum vorstellbar ist.

Schulden über Schulden. Quasi griechische Verhältnisse. Hoffnungslos. Eines ist sicher: Er wird es nicht bezahlen können. Nicht zu Lebzeiten, noch nicht mal seine Erben.

Der König aber will Rechenschaft, und er will die Rückzahlung. Einfach alles erlassen, so schnell und leicht geht es auch bei diesem König nicht. Der Knecht, der Schuldner, aber weiß um seine Schulden und um die Aussichtslosigkeit, sie jemals wieder zu begleichen. Er fleht um Erbarmen. Er trotzt nicht, er fordert auch nichts, er bittet um Erbarmen, er fleht um Vergebung.

Und tatsächlich – der König lässt ihn frei, ja, mehr noch, er erlässt ihm alle Schulden. Der König erbarmt sich! Schuldenerlass. Der Mensch bekommt noch mal eine Chance, sein Leben neu aufzubauen. Auch wirtschaftlich. Mittellos zieht er los. Vielleicht kann er ein paar Außenstände eintreiben. Immerhin, das fordern wir von den Griechen ja auch.

Die Gläubigerfalle

Und tatsächlich: Kaum in Freiheit trifft der eben befreite Knecht einen Mitknecht, einen Mitmenschen, der ihm 100 Silbergroschen schuldete. Das ist nicht viel, aber auch nicht wenig. Es ist machbar, diese Talente zurückzuzahlen. Eine überschaubare Summe, wenn man sich anstrengt. Das wäre ein Anfang und schließlich gilt: Gerecht ist, wer seine Schulden begleichen kann. Und es gibt klare Regeln.

Der Knecht beachtet sie! Er sieht vielleicht auch seine Chance, wirtschaftlich wieder auf die Füße zu kommen. Was sich abspielt, entspricht den gesellschaftlichen Konventionen. Aber auch dieser zweite Schuldner kann oder will nicht zahlen. Auch er fällt auf die Knie und bittet um Geduld. Doch dieses Mal gibt es kein Happyend. Nicht mal eine Stundung. Dieses Mal kommt es dicke: Der Knecht wirft seinen Mitknecht ins Gefängnis. Kein Erbarmen! Seine Familie kann ihn rauskaufen. Ein guter Plan, oder?

Der Gläubiger-Knecht war gerade dabei, wirtschaftlich auf die Füße zu kommen. Das geht nicht allein aus Gnade. Irgendwie braucht er Geld. Doch er hat seine Rechnung ohne die Gesellschaft gemacht. Die anderen sehen es, die anderen empören sich. Empörung ist ja immer leicht. Sie sind ja nicht in dieser Gläubigerfalle.

489 mal Vergebung stehen noch aus

Der König zitiert den Knecht wieder zu sich. 489mal Vergebung stehen noch aus. Doch das nimmt der König wohl nicht so genau, er liest dem Knecht die Leviten: *„Du böser Knecht! Deine ganze Schuld habe ich dir erlassen, weil du mich gebeten hast; hättest du dich da nicht auch erbarmen sollen über deinen Mitknecht, wie ich mich über dich erbarmt habe?"*

Diesmal gibt es keine Gnade! Diesmal lässt er ihn alles bezahlen! Aber es bleibt die Frage: Was ist mit den 489mal Vergebung, für die dieses Gleichnis doch erzählt wurde? Hält Gott sich selbst an das, was Jesus von Petrus fordert? Scheinbar gilt: Mit Jesu Wort ungefiltert die Welt zu regieren, funktioniert schon in der Bibel nicht.

Was mich an einfachen Regeln meistens stört, ist das Schwarz-Weiß denken. Der Bibelbesserwisser, der auf die grenzenlose Vergebungsforderung Jesu rekurriert und dabei den verletzten Seelen keinen Raum gibt, der sieht vielleicht den Gehorsam gegenüber Gott, das mag dann fromm erscheinen, besonders gottesfürchtig oder gar bibeltreu ist es aber nicht. *Die Bibel sieht zunächst den Menschen.* Und vielleicht hätte der König seinem Knecht noch einmal unmäßig große Schuldenberge vergeben und erlassen. Manche schaffen es einfach nicht wirtschaftlich. Aber Unmenschlichkeit. Verhältnislosigkeit. Nein!

Geld ist Mittel zum Zweck, Geld aber bringt kein Heil. Darauf kommt es nicht an. Wer ausschließlich nach ökonomischen Gesichtspunkten handelt, der läuft gegen die Wand. Dem hilft auch nicht mehr die Gnade. Grenzenlos ist Gottes Vergebung nicht. 489 mal kann er vergeben, weil er den Menschen sieht, aber wo der Mensch zum Unmenschen wird – ist dieser Automatismus aufgehoben. Gott ist eben nicht gleichgültig.

Die Unmenschlichkeit des Menschen gegenüber seinem Mitmenschen ist nicht verzeihbar. Es reicht eben nicht aus, von den Verletzten Vergebungsbereitschaft zu fordern, man muss auch ihr Leid sehen.

Die Menschenfreundlichkeit Gottes braucht Nachahmer. Ich glaube gerade in unseren Zeiten ist es wichtiger denn je. Wir sollten auf die Menschlichkeit achten. Die Menschlichkeit heißt aber zunächst einmal: Befreiung von den unterdrückenden und irreführenden Worten und Taten. Im Gleichnis empören sich die Mitknechte über das unmenschliche Verhalten des Knechtes, dem so viel Schuld erlassen wurde. Sie empören sich über seine Worte und Taten. In unserer Zeit empören sich auch viele. Sich zu empören, ist leicht geworden, vielleicht ist es auch zu einfach, seine Empörung unreflektiert über alle möglichen Kanäle zu verbreiten. Und so empören sich viele über die Griechen, die ihre Schulden nicht bezahlen können. Man empört sich über die europäischen Nachbarn, die Flüchtlinge durchlassen. Man empört sich über die Menschen, die vor den Bomben und dem Terror fliehen. Man empört sich über die Politiker, die kein Ziel haben, aber Menschlichkeit beweisen. Man kann sich leicht empören. Man kann auch leicht Köpfe fordern, Ultimaten setzen, Zäune bauen und sagen: Hauptsache Sicherheit – Sicherheit meint wohl Seelenruhe. Die gegenwärtige Empörungswelle entspringt einer merkwürdigen Angst vor dem Verlieren.

Die empörten Mitknechte im Gleichnis empören sich aber nicht aus Angst. Sie empören sich aus Entsetzen über die unverhältnismäßige Härte. Sie empören sich vor allem für mehr Menschlichkeit. Sie haben erkannt: Der König ist gnädig gegenüber den Schuldnern, er kann Gnade erweisen jenen, die Einsicht zeigen. Und diese Erkenntnis des milden gnädigen Königs fordern sie unter sich ein.

Es geht um Menschlichkeit

Gott vergibt bedingungslos, so heißt es theologisch wohl korrekt. Ich glaube, das ist ein Irrtum! Gott vergibt ohne Bedingung, ja, aber Vergebung erfahren wir nur, wenn wir uns als vergebungsbedürftig wahrnehmen, man kann das auch Buße nennen. 490fache Vergebung – unmöglich ist das nicht, aber nicht um jeden Preis: es muss sich was ändern – das Maß bleibt die Mitmenschlichkeit.

In der Zeitung stand gestern etwas über das nachlassende Politische der Prediger und vielleicht auch der Kirchengemeinde. Ob das stimmt, weiß ich nicht! Aber unser christliches Selbstverständnis sollte schon sein, dass wir das Zusammenleben in der Gesellschaft kritisch-mitmenschlich begleiten. Dass wir deutlich machen, wo die Bibel missbraucht wird, wo das Kreuz Jesu misshandelt wird, wo im

Namen des „Christlichen" Populismus gegen Menschen betrieben wird, die in Not sind, die auf Menschlichkeit angewiesen sind.

Mitmenschlichkeit ist nach Jesu Worten und nach diesem Gleichnis eben keine gelegentliche Aufgabe für Zeiten, wo es uns mal passt, sondern sie ist die christliche Grundhaltung. Darum: Gottes Gnade mutet uns Mitmenschlichkeit zu! Wir können sie leben, auch wenn es manchmal schwer fällt, aber Gott glaubt an das Gelingen. Diese Zumutung ist gerade zu himmlisch. Bleiben wir dran, menschlich, freundlich.

Aber das heißt auch, dass wir nicht leichtfertig Vergebung von denen fordern, die zu Opfern geworden sind: Verharmlosen wir nicht die bösen Taten jener, die Gewalt üben mit Händen und Mündern: Halten wir jenen etwas entgegen, auch dann, wenn es unsere Freunde sind, die andere mobben. Wir können das, auch ihr Konfirmanden und Konfirmandinnen könnt das: Wir leben aus der Gnade. Gott vergibt uns unsere Schuld. Wir sind frei und gefordert, diese Gnade und Liebe weiterzugeben durch Ehrlichkeit auch dem besten Freund gegenüber, wenn er andere nieder macht.

Gottes Gnade und sein Ja befreit uns zur Menschlichkeit: zur Liebe, zur Ehrlichkeit, zur Verantwortung dem schwachen, dem gefallenen Menschen gegenüber. Üben wir weiter den freundlichen Umgang mit den Menschen, die uns begegnen und lassen etwas von Gottes Gnade leuchten in dieser Welt.

Ich werde für euch da sein[29]

Mose – ein Flüchtling

Die Vergangenheit holt ihn immer wieder ein. Das Trauma des Unerledigten. Die Situation des Scheiterns. Immer wieder wird er daran erinnert. Vor Jahren hatte er einen großen Fehler gemacht, aus Wut über die Ungerechtigkeit ist er über die Grenzen des Erlaubten gegangen. Er tat es aus wütendem Mitgefühl für sein Volk. Einen Aufseher hatte er erschlagen. Für sein Leben brauchte er einen Neuanfang in der Fremde. So verließ er seine vertraute Umgebung, in der er immer zuhause und fremd zugleich war. Fing ein neues Leben an, heiratete, arbeitete, richtete sich neu ein.

Aber im Leben läuft nicht alles rund, manche Ereignisse, Konflikte, Nöte, Verletzungen wirken lange nach. Äußerlich geht es ihm gut. Er hat eine erfüllende Aufgabe, er hat Frieden gefunden. Und doch – manchmal kommt es mitten im Leben zu einer Begegnung mit dem Vergangenen. Mitten im Alltag – ein Déja vu mit dem Gestrüpp des eigenen Lebens.

Gott im Dornbusch

Mose aber hütete die Schafe Jitros, seines Schwiegervaters, des Priesters in Midian, und trieb die Schafe über die Wüste hinaus und kam an den Berg Gottes, den Horeb. Und der Engel des Herrn erschien ihm in einer feurigen

---

[29] Predigt am Letzten Sonntag nach Epiphanias, 5.2.2017, in der Friedenskirche Handschuhsheim zu Ex 3,1-10.

Flamme aus dem Dornbusch. Und er sah, dass der Busch im Feuer brannte und doch nicht verzehrt wurde.

Da sprach er: Ich will hingehen und diese wundersame Erscheinung besehen, warum der Busch nicht verbrennt. Als aber der Herr sah, dass er hinging, um zu sehen, rief Gott ihn aus dem Busch und sprach: Mose, Mose! Er antwortete: Hier bin ich. Er sprach: Tritt nicht herzu, zieh deine Schuhe von deinen Füßen; denn der Ort, darauf du stehst, ist heiliges Land! Und er sprach weiter: Ich bin der Gott deines Vaters, der Gott Abrahams, der Gott Isaaks und der Gott Jakobs. Und Mose verhüllte sein Angesicht; denn er fürchtete sich, Gott anzuschauen.

Exodus 3,1-6

Was für eine Erscheinung! Ein Dornbusch. Keine Rose, keine Palme, kein schöner Baum. Einfach nur Gestrüpp mit Dornen. Gibt es ja immer wieder am Wegesrand. Wie oft spaziert er daran vorbei, an Brombeer- und Hagebuttensträuchern, an wilden Hecken und schenkt ihnen kaum Beachtung, konzentriert sich auf den eigenen Weg.

Nun das – ein brennender Dornbusch, aus dem heraus ein Engel spricht. Kann es einen lebensfeindlicheren Ort geben als ein Dorngestrüpp voller Feuer. Aber genau aus diesem lebensfeindlichen Ort heraus spricht die Stimme. Sie weckt die Neugier, sie verkündet einen heiligen Ort und eine Unterbrechung des Alltags.

Er zieht die Schuhe aus. Er nimmt sich Zeit heranzutreten. Er läuft nicht mehr weg, er schaut genau auf das brennende Dornengestrüpp vor ihm. Aus dem unwirklichen, lebensfeindlichen Dornenfeuer spricht Gott. „*Ich bin der Gott deines Vaters, der Gott Abrahams, der Gott Isaaks und der Gott Jakobs.*"

146

Mose wird erinnert an seine Geschichte, an seine Herkunft, an seine Vergangenheit. Gott im Dornbusch ist keine abstrakte Gottheit, der Gott im Dornbusch ist ein Beziehungswesen. Und diese Beziehung reicht bis weit in die Vergangenheit zurück. Es ist der Gott des Vaters und der Gott der Väter. Und dieser Gott im Dornbusch sucht nun die Beziehung zu Mose: „Ich bin der Gott deines Vaters." Gott schafft Vertrauen.

Und zugleich: Gott erinnert an das Schicksal des Mose: Seine Herkunft aus dem versklavten Volk in Ägypten, seine Existenz in der Fremde, sein Leiden.

Gott sieht das Leid

Und der Herr sprach: Ich habe das Elend meines Volks in Ägypten gesehen, und ihr Geschrei über ihre Bedränger habe ich gehört; ich habe ihre Leiden erkannt. Und ich bin herniedergefahren, dass ich sie errette aus der Ägypter Hand und sie aus diesem Lande hinaufführe in ein gutes und weites Land, in ein Land, darin Milch und Honig fließt, in das Gebiet der Kanaaniter, Hetiter, Amoriter, Perisiter, Hiwiter und Jebusiter. Weil denn nun das Geschrei der Israeliten vor mich gekommen ist und ich dazu ihre Drangsal gesehen habe, wie die Ägypter sie bedrängen, so geh nun hin, ich will dich zum Pharao senden, damit du mein Volk, die Israeliten, aus Ägypten führst.

Exodus 3,7-10

Die Worte Gottes sind Solidarität und Verheißung. Gott sieht das Elend seines Volkes, so wie Mose einst das Elend seines Volkes gesehen hat. Mose aber konnte durch seine Tat das Volk nicht retten, er konnte in seinem Zorn, in seiner Wut keine Gerechtigkeit schaffen. Gott sieht das Elend des Volkes. Aber damit nicht genug.

Nur auf das Leid schauen reicht nicht. Gott selbst spricht mitten aus der Qual des brennenden Dornbusches. Er redet nicht einfach schön, er nimmt das Leiden des Volkes auf sich, er leidet mit. Darum geschieht die Offenbarung vor Mose nicht auf dem Gottesberg, sondern unten an seinem Fuße. Gott offenbart sich nicht in der Höhe, sondern in der Tiefe. Gott offenbart sich nicht in der Fülle, sondern in der Leere der Wüste. Dort an diesem leeren Ort der Wüste, verheißt Gott die Fülle: Das Land voll Milch und Honig, die Verheißung der Freiheit und die Flucht aus der Sklaverei. Mose soll sein Fluchthelfer sein.

Der Zweifel des Mose und Gottes Zusage

Mose sprach zu Gott: Wer bin ich, dass ich zum Pharao gehe und führe die Israeliten aus Ägypten? Er sprach: Ich will mit dir sein. Und das soll dir das Zeichen sein, dass ich dich gesandt habe: Wenn du mein Volk aus Ägypten geführt hast, werdet ihr Gott dienen auf diesem Berge. Mose sprach zu Gott: Siehe, wenn ich zu den Israeliten komme und spreche zu ihnen: Der Gott eurer Väter hat mich zu euch gesandt!, und sie mir sagen werden: Wie ist sein Name?, was soll ich ihnen sagen? Gott sprach zu Mose: Ich werde sein, der ich sein werde. Und sprach: So sollst du zu den Israeliten sagen: »Ich werde sein«, der hat mich zu euch gesandt.

Exodus 3,11-14

Keine Offenbarung ohne Zweifel. Kein Zutrauen ohne Selbstzweifel. Mose zögert. Ist er der richtige? Einer mit seiner Geschichte. Was ist sein Wort schon wert vor dem Pharao? Was hat er in der Hand, um die Israeliten zu führen? Er der Totschläger von einst, der Flüchtling, der Fremde, der Sohn des Volkes, der am Königshof aufgewachsen ist. Werden sie ihm glauben? Was ist Gottes Wort wert nach all den Jahren des Leidens, der Unterdrückung, der Sklaverei? Muss man nicht mindestens wissen, wer Gott ist, was sein Wesen ist? Was sind seine Maßnahmen und was ist sein Programm? Was ist sein Name?

Gottes Antwort auf den Zweifel ist kein Maßnahmenkatalog für die Freiheit. Er formuliert auch keinen Fluchtplan, aber er gibt seinen Namen kund. Doch dieser Name ist voller Geheimnis, voller Offenheit. „Ich bin der Ich bin." „Ich werde sein, der ich sein werde." Die gängigen biblischen Übersetzungen lassen vieles offen. Welche Botschaft enthält dieser Name, außer der Botschaft des Seins?

Gott lässt sich in der Offenbarung seines Namens seine Freiheit und gibt doch ein Versprechen ab: Denn das Sein Gottes ist kein absolutes Sein, sondern es ist „ein bezogenes und ein wirkendes Sein" (Gerhard von Rad). Der Gott, der da im brennenden Dornbusch spricht, der den lebensfeindlichen Ort des Feuers in der Wüste wählt, der auf das Leiden seines Volkes sieht und sein Elend fühlt und anschaut, der spricht von sich nicht absolut und weltentrückt, sondern empathisch, mitfühlend, auf das Du bezogen. Er setzt sich in Beziehung zum Menschen und spricht: *„Ich werde für euch da sein!"*

Das ist Gottes Versprechen: Er wird für sie da sein. Für sein Volk, für die Menschen, für dich und mich, für Mose. *Ich werde für euch da sein!*, das ist sein Name. Ich werde für euch da sein, wie ich für euch da sein werde. In dieser Zusage legt Gott sich fest, und zugleich bewahrt er sich seine Freiheit. Gottes Beziehung zu seinem Volk, seine Beziehung ist eben nicht festgelegt. Sie ist nicht einzuengen auf Verhaltensweisen. Sie ist geheimnisvoll, in der Schwebe und in der Unbegreifbarkeit. Sie nimmt nichts vorweg. Sie bestimmt die

Geschichte nicht vorab, sondern Gott geht die Geschichte des Menschen mit, die Form seines Daseins ist dynamisch.

Rückkehr ins Leben

Mose steht mit nackten Füßen vor dem Dornbusch. Er hat seinen Auftrag gehört. Er denkt nach. Gott braucht ziemlich wenig Referenzen, er weist nichts weiter vor als sein Versprechen und die Beziehung zu den Vätern. Wenn Gott so einfach ist. Dann ist das eine große Freiheit: Da gibt es dann viele Chancen: „Ich werde für euch dasein!" Er wird für sein Volk dasein! Er wird für mich dasein!

Wer darauf vertraut, der darf wie Mose gewiss sein: Ich werde an Aufgaben wachsen! Ich will nicht immer festgelegt sein! Ich brauche keine großen Referenzen. Ich habe einen Gott, der mit mir geht, der mich immer wieder überrascht, der mir Freiheit schenkt und der mich ermutigt, Ich zu sein!

Ein brennender Dornbusch, ein neugieriger Mensch mit nackten Füßen, eine persönliche Anrede, ein großer Auftrag Gottes, unbedingtes Zutrauen und ein Name über allen Namen: *Ich werde FÜR EUCH da sein!* Mose nimmt den Auftrag an, zieht zum Pharao und die Geschichte wird eine große Geschichte der Freiheit.

An welchen Ort aber hat Gott dich berufen, hast du seinen Ruf schon vernommen? Eines aber ist sicher: Gott wird auch für dich sein gestern, heute und morgen. Darauf darfst du vertrauen, egal welche Aufgabe dir das Leben stellt.

Leben gegen den Immerschlimmerismus[30]

Weiß! Heute ist noch einmal alles auf das weiße Glänzen der göttlichen Majestät ausgerichtet. Das Parament, der glänzend-leuchtende Baum, die leuchtende Bronze des Altars und obendrein das Osterlicht; es leuchtet die Hoffnung. Es leuchtet das Kind Gottes auf mitten unter uns.

Und dazu die Feier der Taufe von Emil und Pia, Jonathan, Tim und Mika und ihre Taufkerzen leuchten als Verheißung: Gott ist mit ihnen auf den Lebenswegen. Er ist das Licht im Dunkel und er führt ins Licht, denn sie sind Kinder des Lichts. Und dann die Posaunen - tönen filmmusikalisch von den Höhen und Tiefen des Lebens und erinnern das Glück und die Freude, das Happy End.[31]

Weiß, heute ist es weihnachtlich weiß in dieser Kirche. Alles ist ein Glänzen. Im liturgischen Weiß des Tages mit seinen Hoffnungsliedern und der Geschichte der göttlichen Verklärung Jesu erzählt dieser Gottesdienst quasi eine Gegengeschichte zur Welt und zum Alltag.

---

[30] Predigt am Letzten Sonntag Epiphanias, 21.1.2018, in der Friedenskirche Handschuhsheim zu Apk 1,9-18.
[31] Der Gottesdienst wurde musikalisch vom Handschuhsheimer Posaunenchor gestaltet, der drei Filmmusiken als Instrumentalstücke darbot.

Gegenbilder (Text)

Ein Teil dieser Gegengeschichte ist der Predigttext für den letzten Sonntag nach Epiphanias aus der Offenbarung des Johannes. In großen Bildern berichtet der Seher Johannes von seiner Vision, die er als Trostbrief an die Gemeinden in Kleinasien weitergibt. Es sind Gegenbilder des Heils gegen das Unheil und die erfahrene Bedrohung seiner Gegenwart.

Aber hört, was Johannes, der Seher, gehört und gesehen hat.

Ich, Johannes, euer Bruder und Mitgenosse an der Bedrängnis und am Reich und an der Geduld in Jesus, war auf der Insel, die Patmos heißt, um des Wortes Gottes und des Zeugnisses Jesu willen. Ich wurde vom Geist ergriffen am Tag des Herrn und hörte hinter mir eine große Stimme wie von einer Posaune, die sprach: Was du siehst, das schreibe in ein Buch und sende es an die sieben Gemeinden: nach Ephesus und nach Smyrna und nach Pergamon und nach Thyatira und nach Sardes und nach Philadelphia und nach Laodizea.

Und ich wandte mich um, zu sehen nach der Stimme, die mit mir redete. Und als ich mich umwandte, sah ich sieben goldene Leuchter und mitten unter den Leuchtern einen, der war einem Menschensohn gleich, der war angetan mit einem langen Gewand und gegürtet um die Brust mit einem goldenen Gürtel. Sein Haupt aber und sein Haar war weiß wie weiße Wolle, wie Schnee, und seine Augen wie eine Feuerflamme und seine Füße gleich Golderz, wie im Ofen durch Feuer gehärtet, und seine Stimme wie großes Wasserrauschen; und er hatte sieben Sterne in seiner rechten Hand, und aus seinem Munde ging ein scharfes, zweischneidiges Schwert, und sein Angesicht leuchtete, wie die Sonne scheint in ihrer Macht.

Und als ich ihn sah, fiel ich zu seinen Füßen wie tot; und er legte seine rechte Hand auf mich und sprach: Fürchte dich nicht! Ich bin der Erste und der Letz-

te und der Lebendige. Ich war tot, und siehe, ich bin lebendig von Ewigkeit zu Ewigkeit und habe die Schlüssel des Todes und der Hölle. Schreibe, was du gesehen hast und was ist und was geschehen soll danach. Das Geheimnis der sieben Sterne, die du gesehen hast in meiner rechten Hand, und der sieben goldenen Leuchter ist dies: Die sieben Sterne sind Engel der sieben Gemeinden, und die sieben Leuchten sind sieben Gemeinden.

Apk 1,9-18

Immerschlimmerismus (Matthias Horx)

Wir leben in apokalyptischen Zeiten. Alles scheint dem Untergang nah. Wir sind umgeben von alarmierenden Schreckensmeldungen. Die große Story des 21. Jahrhunderts trägt den Titel: „Alles wird immer schlimmer." Es herrscht ein medialer Alarmismus. Wer die großen Magazine und Zeitungen und Titel der Talkshows liest, muss es mit der Angst zu tun bekommen: Die Einbruchsrate steigt, obwohl statistisch immer noch nur alle 130 Jahre in ein Haus eingebrochen wird. Die Mittelschicht schwindet und schon klafft die Lücke zwischen den Superreichen und den anderen. Die Menschen werden älter und schon reden wir von der Überalterung der Gesellschaft. Und dann erst die brutalen Morde, Amokläufe, Gewaltverbrechen.

„Kann uns der Staat noch schützen?"

„Ist die Rente noch sicher?"

„Die Messerattake von Altena – verroht unsere Gesellschaft?"

„Xavier und die Wetterextreme – kippt unser Klima?"

153

„Schläger, Diebe, Terroristen – wie wird Deutschland sicher?"

„Wohlstand für alle – wer kann das noch garantieren?"

„Welt im Chaos – ist sie noch zu retten?"

Die Antwort auf diese sonntäglichen Talkshowtitel ist eigentlich immer schon impliziert: Der Staat kann uns nicht mehr retten und schützen. Deutschland ist nicht mehr sicher. Das Ende ist nah. Die Zukunft ist düsterer als die Gegenwart. Die Welt geht danieder.

Auf jedes Gewaltverbrechen, nach jeder Naturkatastrophe, nach jeder demokratischen Wahl folgt die Erregungsepidemie und schafft ihre eigene Realität. Wir leben in einer Art Zwangshysterisierung. Und so codiert sich die gesamte Wirklichkeit ins Dunkle um. Familien sind Horte düsterer Vernachlässigung, Städte Brutstätten von Einsamkeit und Mieterhöhung. Unternehmen beuten ihre Mitarbeiter schlimmer aus, als es Günter Wallraff je aufdecken konnte. In jedem Krankenhaus lauert der Tod, in jedem Schwimmbad der Übergriff islamischer Männer und hinter jedem Baum der sexuelle Übergriff und unser Essen macht uns krank. Und das Leben endet mit dem Tod. Der Soziologe Matthias Horx spricht von einem medialen „Immerschlimmerismus", der vor allem eines garantiert: Aufmerksamkeit. Aber Trost, Hoffnung, Zukunftsideen?

Im elitären Pessimismus unserer Tage, in der jede gesellschaftliche und politische Entwicklung negativ dargestellt wird, gehe Hoffnung und Mut verloren, dafür aber herrscht die Angst und einfachste Parolen werden als Lösungen in den larmoyanten Jammerdiskursen einer immer komplexeren Wirklichkeit angeboten.[32] Wir leben in apokalyptischen Zeiten.

Aber zur Apokalypse gehören eben nicht nur die Zeichen des Untergangs und des Jammers. Nein, die biblische Apokalypse ist trotz der Fülle gewaltiger Bilder ein Buch des Trostes.

Gegen die düsteren Bilder seiner Zeit sieht der Seher Johannes auf der Insel Patmos in geheimnisvollen Bildern die Gegenwart Christi und seinen Sieg über das Unheil. Es sind die hellen, glänzenden Farben, das Leuchten, das gegen die Dunkelheit gesehen wird. Die Trostbotschaft beginnt mit dem Sehen einer guten Zukunft. Dabei bleibt das konkrete Bild dieser Zukunft gewiss vage. Aber die Tendenz ist deutlich: in der Krise gibt es die Vision des guten Ausgangs: am Ende wird er einen neuen Himmel und eine neue Erde sehen.

Johannes' Vision erblickt die Wirklichkeit hinter der Wirklichkeit. Hinter den Schlagzeilen des Alarmismus ist die Welt differenzierter und das Leid der Welt ist nicht das letzte. Der Seher sieht Christus zwischen den sieben Leuchtern. Mit weißem Haar und seinem göttlichen Wort ist er mitten im Leiden der Welten gegenwärtig. Gegenwärtig ist er in seinen Gemeinden und mit seiner Gegenwart überwindet er die lähmende Angst.

Johannes kann es kaum glauben. Ja, er ist erschrocken und erstarrt in der Vision. Es geht ihm wie Maria bei ihrer Empfängnis und den

---

[32] Vgl. zum ganzen: Matthias Horx, Immerschlimmerismus, auf http://www.faz.net/aktuell/politik/matthias-horx-erklaert-methoden-des-rechten-populismus-14295145.html (abgerufen am 20.1.2018).

Hirten in der Heiligen Nacht. Es geht ihm wie so vielen Propheten. Und wie sie hört er das göttliche Wort der Zu-Mutung:

„Fürchte dich nicht! Ich bin der Erste und der Letzte und der Lebendige. Ich war tot, und siehe, ich bin lebendig von Ewigkeit zu Ewigkeit und habe die Schlüssel des Todes und der Hölle."

Das ist die Initiation zur Erfüllung des Auftrags und so beginnt er an die sieben Gemeinden zu schreiben. Seine Hoffnung zeichnet nicht ein Bild blühender Landschaften in der Zukunft. Johannes malt am Beginn seiner Trostbotschaft kein scharfes Bild zukünftigen Heils. Und er hat auch keine einfachen Parolen parat, mit denen er überzeugen kann. Aber er wendet sich gegen die Angst, dass die Bedrängnisse der Gegenwart das Ende sind. Johannes hat noch Visionen. Er sieht noch eine bessere Zukunft und von der her gestaltet er seine Gegenwart. Wenn Gott die Schlüssel des Todes und der Hölle in Händen hat, dann gibt es immer eine Aussicht. Und in dieser Aussicht zeugt er von der Hoffnung und dem Trost.

Für uns gilt, dass wir den einfachen Parolen des Immerschlimmerismus ebenso wenig Glauben schenken sollten wie den platten Parolen der Populisten, denn die sagen nie „Fürchtet euch nicht." Sie machen die Angst zum Erfolgsrezept und darum malen sie kein Bild der besseren Zukunft, sondern nur das Bild einer verklärten Vergangenheit.

Hoffnung heißt nicht zu handeln, damit das Gestern nicht vergeht, sondern hoffen heißt doch, so zu handeln, als sei Rettung möglich. Zu handeln, als gäbe es einen guten Ausgang, sind wir uns selber schuldig. Man entwürdigt sich und spricht sich selber Subjektivität ab, wenn man die Dinge zu ihrem Unglück treiben lässt.

Gewiss, wir erleben in den komplexen Krisen unserer Zeiten immer wieder ein Zögern und ein Hadern, ein Erstarren, ein endloses Abwägen und Nicht-Handeln, übrigens nicht nur in der Politik, sondern auch in der Kirche.

Aber in der Vision des Johannes sind es vor allem die Gemeinden, ist es die Kirche Jesu Christi, die in der Welt als Leuchter gesehen werden. Darum: Handeln wir beherzt und hoffend. Es sind und bleiben die Liebe und die Gerechtigkeit, die den Menschen heilen und heiligen, und eben nicht der Erfolg, den die Liebe und die Gerechtigkeit vorzuweisen haben. Sich um die Gewissheit des guten Ausgangs nicht zu kümmern und zu tun, als sei es schon sicher, dass unserer Arbeit Erfolg beschert ist, sind wir unseren Nachkommen, ja auch unseren Täuflingen schuldig. Es ist nicht ausgemacht, dass unsere Mühe vergeblich ist. Nein, fürchtet euch nicht! Manchmal übrigens reicht es schon aus, seine Augen nicht nur auf die Nachrichten zu richten, sondern einfach mal das Leben zu betrachten: Rauszugehen, durch die Stadt, durch das Feld, und die Menschen anzusehen, selbst die hinter einem Baum und sehen: Mensch, da ist ja vieles richtig gut und schön und herrlich trotz all des Schlimmen: Man nennt es das Leben, das ist doch mal ein Ausblick!